李白诗传

安旗 著

四川文艺出版社

只 为 优 质 阅 读

好
读

Goodreads

目录

上编

匡山下临涪江水，中有诗人之故里

——李白的籍贯①

匡山下临涪江水，中有谪仙之故里。

道旁父老为我言，飒爽英姿疑未死。②

川西平原，沃野千里，河流纵横。绿油油的庄稼像一片大海，远接天边。绿竹丛中的村舍像大海中的岛屿，星罗棋布。

从平原中心成都出发，宝成铁路的上行列车向北驶去，大约两小时后，原野上便出现了丘陵，出现了山峦。

---

① 旧制：凡民之著于某地户籍，且于居住之地置有坟庐已逾二十年者，即以其地为籍贯。

② 清代同治年间江油县令、《江油县志》编撰者瞿揖曾诗。

但过了距离成都一百五十公里的绵阳（唐代的绵州）以后，便又是平原，风光和成都附近极其相似。所不同的是，成都附近完全看不见山，这里却在四山之中。列车再跨过一条大江——涪江，便到了又一个大站：中坝。

四川人把平原都叫作坝。这涪江两岸就有许多坝，譬如青牛坝、竹院坝、龙门坝……中坝就在诸坝之中，而且是最大的一个。中坝又是一个场镇的名字，现在是江油县城①所在地。

这一带地方，在汉代属广汉郡，在唐代属剑南道巴西郡昌隆县（因避唐玄宗讳，改为昌明县），五代以后改为彰明县，一直沿用至民国。解放以后，一九五八年，彰明县和邻近的江油县合并，称江彰县。一九五九年，江彰县又改称江油县，彰明县的名字便从地图上完全消失了。但在"江油"二字的旁边，还可以找到"青莲镇"三个字（当地人称它青莲场）。这里便是唐代的昌明县青莲乡（一作清廉乡），这里便是诗人李白的故里。

青莲镇在今江油县城西南十五公里，地当涪江和它的支流盘江汇合之处。正如《县志》所谓："涪江中泻而左

---

① 江油县城：1998 年，江油县被撤销，改设江油市（县级）。——编者注

旋，盘江纡回而右抱。"站在镇口四面望去，恰好用得上欧阳修《醉翁亭记》的笔法：环镇皆山也，其西北诸峰，林壑尤美，望之蔚然而深秀者，匡山也。

匡山，就是李白少年时代读书的地方（宋时因避宋太祖讳，改称康山）。当地老百姓干脆叫它"读书台"。相传匡山在夜里经常有光如灯，老百姓就说："李太白又在挑灯夜读啦！"

青莲镇西半里许，有清代乾隆年间重建的李白故居"陇西院"。院后有李白胞妹月圆之墓。院门有联云："弟妹墓犹存，莫谓诗人空浪迹；艺文志可考，由来此地是故居。"

青莲镇西一里许，和"陇西院"相望，紧靠盘江北岸，有清代嘉庆年间修建的"太白祠"。祠内石碑有四川候补道摄理龙安府事赵金笏题诗云："万稻绿中围赭墙，一院新祠当旧宅。""紫袍白面美须髯，端坐神橱亲咫尺。"可见原来祠内有李白的塑像。

青莲镇东半里许，有"粉竹楼"。"粉竹楼者，青莲先生为其胞妹月圆所筑也。自唐迄明，崇祀不绝，迨兵燹后，庙宇倾圮，基址犹存。……"这是道光年间重建"粉竹楼"的碑文。传说月圆用洗面水浇灌楼下竹丛，年深月久，便长出一种带粉的竹子来，因此取名"粉竹楼"。

"粉竹楼"后山坡上，还有一处"洗墨池"。相传是李白和月圆读书写字后洗笔的地方。池直径约一米，深约两米。池水源自一处山泉。池水果然呈黑色，但盛在碗里却是清澄的。现在附近几十户人家饮用水都依靠这池水。

青莲镇西盘江上，旧有渡口，名"漫波渡"，又名"蛮婆渡"，为南北交通要道。前人有诗云："夕阳返照归帆急，新月斜临待渡多。"相传李白的母亲曾在此浣纱，有一尾金色鲤鱼跃入竹篮中，携回烹食后即生李白。

旧彰明县治在青莲镇西南数公里，现在是江油县的彰明区①。西有长庚寺，寺内有宋人杨遂撰写的《唐李先生彰明县旧宅碑并序》云："先生旧宅在青莲乡……"碑文末，题有"大宋太宗淳化五年"字样。还有一块碑是宋代大书法家米芾（元章）书写的李白诗《赠江油尉》，碑末仅有"米元章书"数字，无年月日。书法雄健，颇类米书，惜已残泐殆尽，难辨真伪了。

据江油县"李白纪念馆筹备处"调查，李白在彰明的遗迹多至二三十处。解放以前，此地乡下每年农历八月初

----

① 彰明区：今为彰明镇。——编者注

一要办"太白会",三月初三要办"月圆会",县城中则有"青莲诗社",都是民间纪念李白的活动。

李白的遗迹中,虽然有一些是民间传说,甚至近乎神话,但可以看出,此地人民对李白的热爱和崇敬。

关于李白的籍贯,从前是颇有争议的。有的说他是陇西人,有的说他是山东人,还有的说他是"胡人"。但李白的同时代人,如李白的从叔,唐代有名的书法家,李白诗文集《草堂集》的编者和序言作者——李阳冰;李白的诗友,唐肃宗时进士,李白诗文集《李翰林集》的编者和序言作者——魏万(后名魏颢);李白的好友范伦的儿子,唐代宗时宣、歙、池等州观察使,《唐左拾遗翰林学士李公新墓碑并序》的撰写者——范传正等人,都认为李白是蜀人。再一个李白的同时代人,和李白齐名的诗人杜甫,在他关于李白的最后一首诗《不见》中写道:"不见李生久,佯狂真可哀。世人皆欲杀,吾意独怜才。敏捷诗千首,飘零酒一杯。匡山读书处,头白好归来。"当时,杜甫正在蜀中,李白正流落皖南,穷愁潦倒,几乎走投无路。杜甫对他十分关心,十分同情,因此劝他回到故乡来。"匡山"就是彰明县的大小匡山,而不是别处的匡山。假若是别处的匡山,那就应该是"好归去"了。不曰

"好归去"，而曰"好归来"者，正因为杜甫当时所在的蜀中就是李白的故乡。这也可证明李白是蜀人。一连串的同时代人，都认为李白是蜀人。

李白自己也认为自己是蜀人。例如《上安州裴长史书》："见乡人相如大夸云梦之事，云楚有七泽，遂来观焉。"认为司马相如是他的同乡。司马相如是哪里人呢？"蜀郡成都人也。"（《史记·司马相如传》）

再如《渡荆门送别》："渡远荆门外，来从楚国游。山随平野尽，江入大荒流。月下飞天镜，云生结海楼。仍怜故乡水，万里送行舟。"这是李白离开蜀中时，舟出三峡，行至荆州地界时所作。他把从三峡出来的长江，称为"故乡水"，可见他的故乡是长江上游的巴蜀。

再如《宣城见杜鹃花》："蜀国曾闻子规鸟，宣城还见杜鹃花。一叫一回肠一断，三春三月忆三巴。""三巴"是指巴郡（今重庆）、巴东（今奉节一带）、巴西（今绵阳一带）。蜀中的子规鸟又名杜鹃。李白在异乡看见杜鹃花，就想起故乡同名的鸟，从而产生了强烈的乡思。

再如《淮南卧病书怀寄蜀中赵征君蕤》："国门遥天外，乡路远山隔。朝忆相如台，夜梦子云宅。"赵蕤，梓州（今四川盐亭）人，是李白少年时期的师友。相如台，即司马相如抚琴台；子云宅，即扬雄故宅。这两处古迹俱在成都。这首诗也表现了李白对故乡——蜀深刻的怀念之情。

再如《题嵩山逸人元丹丘山居》："家本紫云山，道风未沦落。"王琦注："紫云山在彰明县西南四十里……常有紫云结其上，故名。"

诚如清代学者，注家王琦所说："太白之为蜀人，固彰彰矣。"

事了拂衣去，深藏身与名

距今一千二百多年前。唐代剑南道北部的崇山峻岭之间，一条崎岖的山路，蜿蜒向南。一阵杂沓的马蹄声，打破了山中的寂静。几匹骏马自北而来，路很难走，骑者不得不按辔徐行。中间一人，银鞍白马，头戴布笠，身裹斗篷，一身远行装束，腰间挂着一柄长剑。前后数人，显系随从，也带有武器。

他们是什么人？没有人知道。只见骑白马的人，三十开外，浓眉大眼，器宇轩昂，神情严肃，一言不发，好像心事重重。

他们从哪里来？也没有人知道。只见他们风尘仆仆，人困马乏的样子，恐怕至少已走了千里路程。

他们到哪里去？还是没有人知道。只见他们一直向南，向南，看看到了江油关，过了江油关便是去绵州和成都的大路，但他们却折向西，进了山中的一个小坝子。

他们好像专门找偏僻的路走。由关陇入蜀，本来有三条路：居中的一条是金牛道，经宝鸡、广元、剑阁、绵州，而至成都；靠东的一条是米仓关道，经汉中、巴中、阆中、绵州，而至成都；靠西的一条是阴平道，经武都、青川、平武、江油、绵州，而至成都。前两条路都比较好走，来往客商亦多。这一行人却偏偏走的是崎岖难行、人烟稀少的阴平道。

偏僻荒凉的昌明县青莲乡里来了一位异乡人，据说是从西域经商回来的，看上了这个山清水秀的地方，想找一个幽栖之处，便在这里安家落户了。因为他姓李，是客户，当地人便称他"李客"。这就是李白的父亲。

李白的家世一直是一个谜。

关于李白的家世，李阳冰《草堂集序》是这样介绍的："李白，字太白，陇西成纪人，凉武昭王暠九世孙。蝉联珪组，世为显著。中叶非罪，谪居条支，易姓与名。……神龙之始，逃归于蜀……"

关于李白的家世，范传正《李白新墓碑序》是这样介绍的："公名白，字太白，其先陇西成纪人。绝嗣之家，难求谱谍。公之孙女搜于箧箧中，得公之亡子伯禽手疏十数行，纸坏字缺，不能详备，约而计之，凉武昭王九代孙也。隋末多难，一房被窜于碎叶，流离散落，隐易姓名，故自国朝以来，漏于属籍。神龙初，潜还广汉，因侨为郡人。父客，以逋其邑，遂以客为名，高卧云林，不求禄仕。"

关于李白的家世，魏颢《李翰林集序》是这样介绍的："白本陇西，乃放形，因家于绵。"

李阳冰、范传正、魏颢三人的介绍，其实都是根据李白生前口述。范传正虽然是根据李白的儿子伯禽"手疏"，而伯禽"手疏"自然也是从他父亲那里听来的。

关于李白的家世，在李白的诗文中有这样一些自我介绍：

《与韩荆州书》："白本陇西布衣，流落楚汉。"

《上安州裴长史书》："白本家金陵，世为右姓，遭沮渠蒙逊难，奔流咸秦，因官寓家，少长江汉。"

《赠张相镐》诗："家本陇西人，先为汉边将。功略盖天地，名飞青云上。苦战竟不侯，当年颇惆怅。……"

《为宋中丞自荐表》（李白代御史大夫宋若思起草的向唐肃宗推荐自己的报告）中，关于家世，只字未提。

以上文字，无论是旁人介绍，还是李白自我介绍，虽然最终都是出自一人即李白本人，但仔细一研究，就会发现：它们总是辞意闪烁，前后矛盾，而且讳言近代。

首先是"凉武昭王李暠九世孙"问题。既是"凉武昭王李暠的九世孙"，那就应该是唐玄系的族祖；唐玄宗又在天宝元年下过诏书，准许李暠的子孙"隶入宗正寺，编入属籍"，就是说可以登记上皇族户口。为什么李白一家没有去登记呢？李白在天宝初年被玄宗召见，待诏翰林，三年之间，多次见到皇帝，为什么不敢启齿呢？李白晚年境况那样困难，求人推荐之情那样迫切，为什么在给朝廷上书时对自己的本是"天枝""帝胄"的家世却避而不提呢？

再是李白的祖先窜居西域一事也令人生疑。李阳冰说是"中叶非罪，谪居条支"；范传正说是"隋末多难，一房被窜于碎叶"；魏颢只说是"放形"；李白自己说是"遭沮渠蒙逊难，奔流咸秦"……这几种说法，无论在地点、年代、因由上，都互不一致。首先是碎叶和条支并无隶属关系，一北一南，相去千有余里。再是"遭沮渠蒙逊难"，即沮渠蒙逊破凉，事在南北朝宋武帝永初二年（421）；"隋末……被窜于碎叶"，事在隋炀帝大业十四年（618）。前者属于国破家亡，后者属于犯罪流放。二者在时间上相去两百年之远，在事情性质上也迥不相同。究竟是因国破家亡，出奔异域呢，还是因为触犯刑律而被流放远方？

紧接着一个问题就是：李白的父亲李客究竟因何"逃归于蜀"或"潜还广汉"？假若事属前者，即国破家亡，出奔异域，则到唐中宗时，已是二百年前往事，而且当时的天子也是凉武昭王李暠之后，李白的祖先早该大摇大摆返回原籍了，又何至于到唐中宗时才"逃归于蜀"？假若事属后者，即触犯刑律，流放远方，也已是一百年前旧账，至少已隔三代，流放决无世袭之理，何况唐代刑律相当宽大，李白的父亲李客也可以正大光明回到故乡，而用不着"潜还广汉"。总而言之，李白的祖先无论是因为国破家亡，出奔异域，还是因为触犯刑律，流放远方，都显然不是李客"逃归于蜀"或"潜还广汉"的真正原因。这就使人不能不怀疑李客之"逃归""潜还"，而且跑到偏僻的大巴山中来，显系是别有他故，恐怕不是一百年前的旧案，而是他本人的新"案"。

李客本人有什么新"案"呢？

在王琦编著的《李白年谱》中，有这样一条材料：

"《杜诗补遗》曰：范传正《李白新墓碑序》云，白本宗室子，厥先避仇，客居蜀之彰明。"这一条材料列在仅供参考的"传疑"内，一向不大被人注意，但却值得注意。试将《杜诗补遗》所引用的范传正《李白新墓碑序》文字，和范序原文对照，就可发现，这段文字并非引文，而是释文，即《杜诗补遗》的作者对范序中"神龙初，潜还广汉，因侨为郡人。父客，以逋其邑，遂以客为名。高卧云林，不求禄仕"这一小段文字的解释。解释中提出的"避仇"一说，很有价值。

按"逋其邑"一语，出自《周易讼卦》："九二，不克讼，归而逋其邑。人三百户，无眚。"意思就是说，官司打不赢，逃亡到人烟稀少的偏僻地方，就可以免灾。《杜诗补遗》的作者很可能正是从这里得出"避仇"一说。

魏颢的《李翰林集序》中所谓："白本陇西，乃放形，因家于绵。"同样也是这个意思。"放形"者，放浪形骸之谓也，放荡不羁之谓也。《三国志·魏志·武帝纪》："任侠放荡，不治行业。"《唐书·刘乂传》："刘乂亦节士，少放肆，为侠行。"《隋书·刘昶女传》："女弟居士，任侠，不遵法度。"在历史上的人物传记中，任侠多被视为"不遵法度"的"放荡""放肆"行为。因此，"放形"一语，实际上就是暗指李客曾经有过任侠行为。

任侠和避仇联系起来，李客本人有什么新"案"，就可以不言而喻了。

唐开元年间，曾经禁过游侠。即使被杀的人罪该应得，杀人者亦须依法治罪，甚至处死。在这种情况下，任侠之人自然就只有"事了拂衣去，深藏身与名"。甚至终其一生，"高卧云林，不求禄仕"了。而他的亲友在介绍家世籍贯时，也就只有"为尊者讳""为亲者讳"，而不得不使用托辞和曲笔了。

从李白少年时代的一首诗《赠江油尉》可以看出来，当时江油、彰明一带是多么偏僻的地方："岚光深院里，傍砌水泠泠。野燕巢官舍，溪云入古厅。日斜孤吏过，帘卷乱峰青。五色神仙尉，焚香读道经。"一直到清代乾隆年间，这里仍然是"荒城斗大俯江滨""市廛寥落等山村"（县令朱琦《彰明杂咏》，见《江油县志》）。这样的偏僻的"荒城"，这样的寥落的"山村"，正是避仇者的逋逃薮，正是逃世者的好地方。而李客"高卧云林，不求禄仕"云云，恐怕不仅是后来撰碑者的讳辞，可能也是当时侨居者的借口。

开元、天宝年间，以碑版文字著称的李华，本是李白的好友，又是本家。按说他对李白的家世应该是了解的。但在他为李白撰写的墓志中却只字不提，讳莫如深，而且文字简短得出奇，以致注家王琦也感到奇怪："寥寥数语，何其惜墨如金乃尔！"然而李华为别人撰写的墓志却不是这样，死者的家世多少总要介绍一下，文字也相当长。为什么独对李白"惜墨如金"呢？原来李华本人在"安史之乱"中有点问题，因此遭到贬黜；而此人性格本来就是"外若坦荡，内实谨重"，这一来自然就更加小心谨慎了。大概他知道李白家世有难言之隐，殊多伪托。他既不能直说，又不敢附和，于是就只好"惜墨如金"，避而不提了。

李客避仇一说如能成立，则在李白研究中遇到的令人百思不得其解的一系列问题，都可以迎刃而解。为什么李白及其亲友关于李白家世的文字显得那么迷离惝恍，矛盾百出？为什么李白这位"凉武昭王李暠九世孙"，只敢私下和朋友谈谈自己显赫的家世，而不敢公开形诸文字，更不敢到朝廷去登记？为什么李白在他的诗文里，对妻子、对儿女、对兄弟都多次提及，而且专门有诗寄赠他们，多次表现了他的天伦情笃，独对他父亲讳莫如深？为什么李白那样怀念他的故乡，"朝忆相如台，夜梦子云宅"，却直到头白不归来？为什么李白从小就好击剑任侠，这种性格和本领从何而来？他的诗歌中为什么多次描写侠客，多次歌颂侠客，而且描写得那么真实，歌颂得那么热烈？"赵客缦胡缨，吴钩霜雪明，银鞍耀白马，飒沓如流星。十步杀一人，千里不留行，事了拂衣去，深藏身与名。……"（《侠客行》）这位赵客（或他的模特儿）究竟是谁？神秘的李客，在这里可以说是呼之欲出了。

关于游侠，历史上儒法两家都是反对的，唯独司马迁加以赞扬，认为游侠虽然不是解决社会问题的正当道路，但他们豪爽的性格，不怕牺牲的精神，扶危济困的宗旨，都是可钦可佩的。因此，司马迁在他的《史记》中特立"游侠列传"，记载汉代的大侠朱家、郭解等人事迹。特别难能可贵的是：司马迁把扶危济困的游侠同仗势欺人的豪强加以区别，对前者加以赞扬，对后者则加以批判。

李客任侠杀人的详情虽不得而知，但从他避居穷乡僻壤，隐姓埋名，终其一生看来，绝不属于欺压贫贱、侵凌孤弱是可以断定的。甚至他的儿子李白终其一生，也对他父亲讳莫如深。亲友们在介绍李白家世时不得不使用曲笔，则其仇家属于可畏的豪门权贵也是可以想见的。由此可以推定：李客的任侠杀人属于扶危济困或申冤雪恨，而不属于仗势欺人。

神秘的李客啊，你原来是一位以李为姓的侠客！你把倜傥不羁的性格传给了你的儿子，你把扶危济困的精神传给了你的儿子，你把对封建社会的叛逆精神传给了你的儿子。你的儿子李白也没有辜负你的教养，他继承和发扬了你的精神。不过不是用剑，而是用笔；不是为一人一家，而是为千千万万的人民。

十五观奇书，作赋凌相如

——李白的少年时代

唐中宗神龙元年，秋高气爽，正是长安人郊游时节。一群豪门少年聚会在曲江池上，准备作竟日之欢。刚好坐定，却见来了一人，年十六七，眉目英俊，气概不凡，一身豪华的猎装，左臂上架一头罕见的白鹰，不揣冒昧，径自入座。众人欲待赶他，又不好造次；欲待不赶他，又气他不过。便有一人高声宣布，要每一个人先自报家门，然后依次入座，意在听听这位不速之客，究竟是谁家子弟，准备羞辱他一番。于是挨次报去，一个个都是高门显第。到了这个少年跟前，只听他不慌不忙报道："祖父——天子，父——天子，本人——临淄郡王李隆基！"吓得众人一齐倒身下拜。这个青年郡王后来便是唐王朝第七代皇帝——唐玄宗。

这时，在偏僻的大巴山中一个小小的坝子里，在幽美的匡山足下一家乡村私塾里，一个五岁的孩子，正坐在窗前，奶声奶气地读着"关关雎鸠，在河之洲……"三五遍后就背熟了。他抬起头来，从窗口望出去，望见盘江波光粼粼，于是他想起妈妈给他讲的金色鲤鱼的故事，一双又大又亮的眼睛忽闪忽闪着又陷入了幻想。"李白，快来背书。你家里已经来人接你了。"孩子捧着书本，走到老师桌前一口气背完了《关雎》三章。

关于幼年时代，李白在《上安州裴长史书》中，曾有这样的自述："五岁诵六甲，十岁观百家。"据《汉书·食货志》："八岁入小学，学六甲、五方、书计之事。"可见"六甲"是古代儿童的识字课。"六甲"，即六十花甲，以天干（甲、乙、丙、丁……）和地支（子、丑、寅、卯……）相配而成，如甲子、乙丑、丙寅、丁卯……作为纪年之用。"五岁诵六甲"，意即五岁发蒙识字；"十岁观百家"，意即到了十岁就已攻读诸子百家之书了。在古代的乡学中，"五经"——《诗》《书》《礼》《易》《春秋》是必修课程。可以想见，富于形象而又琅琅上口的《诗》，必是李白幼年最感兴趣的；而在诸子百家中，幼年李白最感兴趣的，无疑是富于神话和奇想的《庄子》了。

关于幼年时代，李白在《送从侄耑游庐山序》中，还有这样的回忆："余小时，大人令诵《子虚赋》，私心慕之。"由此可知，李白在幼年时代即开始诵习辞赋，《昭明文选》必是他案头常备的书籍，《文选》中的屈、宋辞赋那就更是使他倾慕的作品了。这样一来，李白很早就受到文学，特别是浪漫主义文学的熏陶，从小就爱好幻想。

而青莲乡这山明水秀的环境，它的波光之影，层峦叠嶂，苍松翠竹，胜迹仙踪，又恰好是他驰骋幻想的天地，是培养他文思的摇篮。"樵夫与耕者，出入画屏中。"（《题窦圖山》）这大概就是李白最初的诗句吧。

假若没有刻苦的学习，幼年李白心田中冒出来的文学嫩芽也不会苗壮成长。传说李白小时候在河边闲逛，看见一个老太婆在磨一根捣碓用的铁杵，感到奇怪，便问道："婆婆，你磨它做啥？"老太婆答道："我要把它磨成一支绣花针哩！"李白更感到奇怪了："这么粗的铁杵能磨成针吗？"老太婆便顺口念了这样两句歌谣："只要功夫深，铁杵磨成针。"这个老太婆是有意教育李白呢，还是随便逗他玩呢？不管怎样，李白从这两句歌谣中受到很大启发，从此更加勤奋。为了专心读书，他曾经搬到匡山上的庙里去住；为了专心读书，他常常一年半载不进一回城。成百篇文章烂熟于胸，成百首诗歌倒背如流，使李白自然而然便出口成章，下笔不休了。

关于李白少年时代的创作，他本人在《赠张相镐》一诗中回忆道："十五观奇书，作赋凌相如。"段成式《酉阳杂俎》亦有记载："李白前后三拟《文选》，不如意辄焚之，惟留《恨》《别》赋。今《别赋》已亡，惟存《恨赋》矣。"计有功《唐诗纪事》引北宋时杨天惠《彰明遗事》云："时太白齿方少，英气溢发，诸为诗文甚多，微类《宫中行乐词》体。今邑人所藏百篇，大抵皆格律也。虽颇体弱，然短羽襟褋，已有凤雏态。淳化中，县令杨遂为之引，谓为少作是也。"

宋代人所见过的李白的"少作"，今已不可见。《文苑英华》载有李白五律《初月》《雨后望月》《对雨》《晚晴》等数首，王琦谓"或即是欤"可信。李白拟江淹《别赋》尚存。王琦题解谓："太白此篇段落句法，盖全拟之，无少差异。"《明堂》《大猎》二赋，当亦为此期所作。《大猎赋》序云："相如、子云竞夸辞赋，历代以为文雄，莫敢诋讦……当时以为穷极壮丽，迨今观之，何龌龊之甚也！"则此二赋或即为李白自诩为"凌相如"之作。又李白《上安州裴长史书》自述他二十岁谒见益州长史苏颋时，苏颋曾对他的文才大加赞赏，中有"下笔不休"的话，则李白所呈诗赋必有长篇，其"下笔不休"而又凌驾相如的长篇，可能就是这两篇赋或这两篇赋的初稿。

从以上一些作品看来，李白少年时代的诗赋多是模仿前人。五律数首是模仿初唐，《拟恨赋》是模仿江淹，《明堂》《大猎》二赋是模仿司马相如。此时的李白还处在学步的阶段，但从这几步已可看出：这不是一只小麻雀，而是一只凤雏，或者更确切地说是一只大鹏雏。

这时，李隆基已登上了大唐天子的宝座，年号开元。前期的唐玄宗是一位相当英明的皇帝。他谨记一百年前唐太宗的遗训："水能载舟，亦能覆舟。民犹水也，君犹舟也。"不敢过分地压迫和剥削人民。他学习唐太宗，励精图治，选贤与能，广开言路，加以姚崇、宋璟、韩休、张九龄等贤明正直的宰相的辅佐，因而继唐太宗"贞观之治"以后，又出现了"开元之治"。

开元年间（713—741），唐代社会经济的繁荣达到了开国以来的高峰。到处田野开辟，村落相望，旅客走一千里路也不用带干粮。社会秩序也很安定，行人走一万里路也不用带武器。全国各州县的仓库里堆满了粮食布帛，京城长安的国库"左藏"的财物，更是堆积如山。在经济上达到了高度富庶的同时，文化上也出现了高度的繁荣。各种文艺形式如百花竞艳，一个个杰出的文艺家如繁星丽天。中外文化的交流也出现了空前未有的盛况，"丝绸之路"从长安通向中亚，把中国文化带到了遥远的西方。域外几十个国家的使节和客商来到中国，也带来他们的奇珍异宝和文化。盛唐不愧是封建社会的黄金时代。

盛唐的天空好像无比广阔，无比晴朗；开元的太阳好像无比明亮，无比温暖。大鹏雏在窝里大唱其颂歌："镇八荒，通九垓。四门启兮万国来。"（《明堂赋》）"莫不海晏天空，万方来同。虽秦皇与汉武兮，复何足以争雄？"（《大猎赋》）而且梦想着飞上九天，在那无边无际的太空中，在那金光闪闪的阳光下，去展翅翱翔。

开元八年，李白满了二十岁。彰明县这个小小的坝子，对于他显然是太小了。他除了往来附近几个郡县，又到了剑南道首府成都，并游历了峨眉和青城两处名山，写了《登锦城散花楼》《登峨眉山》《白头吟》等诗。

成都、峨眉之游以后，对于李白来说，巴山蜀水的天地也太小了。于是他在二十四岁的时候决心去蜀，用他自己的话说，就是："大丈夫必有四方之志，乃仗剑去国，辞亲远游。"（《上安州裴长史书》）临行前，李白特地写了一首《别匡山》，和故乡告别：

> 晓峰如画色参差，藤影风摇拂槛垂。
>
> 野径来多将犬伴，人间归晚带樵随。
>
> 看云客依啼猿树，洗钵僧临失鹤池。
>
> 莫谓无心恋清景，已将书剑许明时。[①]

诗中描写了如画的匡山，表现了他对故乡的留恋，也抒发了他的雄心壮志。青春的热血在他血管里奔流，金色的梦想在他脑子中盘旋。他要走向更广阔的世界，他要去建功立业，上报国家，下光门楣。待他功成名就之后，再回到匡山的怀抱中来。

---

① 见《彰明县志》和《江油县志》。

大道如青天，我独不得出

——李白第一次入长安①

开元十三年（725）的春天，二十五岁的李白经由长江三峡离开了蜀水巴山。

出了三峡，便是荆门。荆门山和虎牙山南北对峙，好像荆州的大门，长江从两山之间流过。随着平坦的原野在眼前展开，蜀中的崇山峻岭便消失了，回头再也望不见连绵的巴山，只看见飘曳的楚云，但是来自故乡的一江春水看起来依旧带着锦江的碧色。李白一面欣赏着江上的景色，感到心旷神怡；一面怀着依依惜别的心情，离开了故乡，走进了新的天地。一路上，看不尽芳洲碧树，听不尽莺啼雁鸣。渐渐日色向晚，海月东升，远远地望见了城市

---

① 李白两次入长安之说，始于稗山《李白两入长安辨》，郭沫若肯定了这一说法。此说对于探索李白生平和创作有重要价值。

的灯光。啊，原来是一千年前楚国的故都，唐代荆州的首府——江陵快到了。

这便是李白《渡荆门送别》《荆门浮舟望蜀江》二诗中所写的情景。李白初游长江南北的生活便开始了。

李白旅居江陵时，认识了当时有名的道士司马承祯（字子微）。受司马承祯的鼓励，李白写了一篇《大鹏赋》。这篇作品借用《庄子·逍遥游》中的寓言，又加以创造性的发挥，不但表现了青年李白在伟大时代中的雄心壮志，抒发了青年李白在广阔天地中的豪情逸兴，而且反映了一代知识分子在盛唐时期意气风发的精神面貌。虽然，李白后来并不满意，又加以修改，但当时很快就流传开去，竟至"家藏一本"，李白的名字也随之流传开了。年轻的大鹏开始展翅了。

李白旅居江陵时，又曾北游襄阳，南泛洞庭，然后顺长江而下到了金陵和扬州。李白后来回忆江东之游时，曾写道："曩昔东游维扬，不逾一年，散金三十余万，有落魄公子，悉皆济之。"（《上安州裴长史书》）"散金三十余万"，恐系夸张之词，但当时李白正是青春年少，风华正茂，轻财好施，是可信的。人生的道路在他心目中恰似三峡以下的长江，恰似江南三月的春色。他这一时期写的《金陵酒肆留别》一诗，最足以代表青年诗人的生活面貌和精神状态：

> 风吹柳花满店香，吴姬压酒劝客尝。
>
> 金陵子弟来相送，欲行不行各尽觞。
>
> 请君试问东流水，别意与之谁短长。

这位年少的翩翩佳公子，此时还不知忧愁为何物哩！

二十七岁的李白，被已故宰相许圉师家里看上了，便做了故相的孙女婿。许家住在安州（今湖北东北部）首府安陆。离安陆六十里有一座北寿山，山虽然不大，风景却很优美。李白既酷爱山水佳胜之地，而新婚之后又不能马上出去漫游，北寿山便成了李白的栖息之所。在安定的山居生活中，李白继续打下他的"万卷书"的功夫。

亲友中有些人对李白不理解，看见他年纪轻轻就隐居山中，既不去投考进士，又不去官场活动，便大不以为然，不免这个来问问，那个来劝劝。例如有一个姓孟的友人就写过一封信来，他不好直接批评李白，便用"移文"的体裁，责备北寿山不该把贤才隐藏起来。李白也就将汤下面，借北寿山的口气为自己辩解了一番。这就是李白的

《代寿山答孟少府移文书》。书中有这样一段话：

> 申管晏之谈，谋帝王之术，奋其智能，愿为辅弼。
> 使寰区大定，海县清一，事君之道成，荣亲之义毕，然
> 后与陶朱、留侯，浮五湖，戏沧州，不足为难矣。

从这一段话可以看出，李白的打算是：不鸣则已，一鸣惊
人；不飞则已，一飞冲天；不当官则已，当官就要当宰
相，辅佐皇帝干一番"济苍生，安社稷"的大事业，然后
功成身退。因此他不愿走一般知识分子取得一官半职的道
路，从科举出身。对当时一般士人趋之若鹜的进士一途，
李白不屑一顾，而是怀抱雄心大志，隐居在北寿山中准备
着、等待着。准备着治国平天下的本领，等待着有人来推
荐他，由皇帝直接召见他。这叫作"制举"。"制举"
者，天子所以待非常之才也。

李白隐居在北寿山中，等待着人家来"三顾茅庐"。
一年、两年、三年过去了，看看到了三十岁还不见有人一
顾。大概一则为自己建功立业的雄心所驱使，二则亲友又
加以怂恿，他只好由高卧云林，待人推荐，一变而为奔走
宦场，求人推荐了。为此，他给一些地方官吏多次上书，

多次赠诗，用他自己的话来说，就叫作"遍干诸侯"，但都没有结果。

既然地方上找不到出路，就上京城去吧！他以为"长安大道横九天"，他这匹千里马是不会无路可走的。于是，在这年的初夏，"荷花初红柳条碧"的季节，李白从安陆起身，取道南阳，西入长安。

凭借许圉师家在京的一些旧关系，李白拜访了当朝宰相张说。张说是一个比较贤明的宰相，又是当时的文章巨公。但因老病，不能见客，吩咐他的二儿子张垍接待李白。张垍是个典型的公子哥儿，靠着他漂亮的外表，被玄宗招为驸马；靠着他父亲的优越条件，二十多岁就当上了从三品卫尉卿。虽然也会舞笔弄墨，却是个绣花枕头，并无真才实学。但是交际、钻营、往上爬却是能手。这样的人哪会真心诚意帮助李白呢？

他把李白安顿在终南山麓的玉真公主别馆，谁知这座贵族别墅是一处无人居住的荒园。到处结满了蜘蛛网，床下也有了蟋蟀窝，厨房里没有烟火，案板上长满了青苔。李白的一日三餐也无人料理，仅靠附近田家送来一点粗茶淡饭充饥。这里离城很远，加上秋雨连绵，道路不通，无处可去，只有翻翻补补带在身边的几本破书。托张垍帮忙的事，毫无下文。李白日坐愁城，十分苦闷无聊，实在忍不住，便写了两首诗《苦雨赠卫尉张卿二首》送给张垍，借"苦雨"发了一通牢骚，又引经据典地把这位贵公子讽刺了一番。这一来，张垍自然就干脆不理睬他了。

李白在长安期间还去拜访过其他一些人，那些人也和张垍父子差不多，或者和他敷衍一下，或者干脆给他吃闭门羹。这就是李白所谓"历抵卿相"的真相。

虽然到了天子足下，仍不得其门而入。李白于是用比兴手法，借男女之情，写了一首《长相思》：

长相思，在长安。络纬秋啼金井栏，微霜凄凄簟色寒。孤灯不明思欲绝，卷帷望月空长叹。美人如花隔云端，上有青冥之高天，下有渌水之波澜。天长路远魂飞苦，梦魂不到关山难。长相思，摧心肝！

这里的"美人"，既不是他的夫人，也不是他的情人，而是他幻想中的"圣明天子"唐玄宗。

初冬，出游邠州（在长安西，州治在新平）。作《邠歌行上新平长史兄粲》一诗，诗中有句云："寒灰寂寞凭谁暖，落叶飘扬何处归！"请求汲引，情极凄惶，亦无结果。

又游坊州（在长安北，州治在中部）。作《酬坊州王司马与阎正字对雪见赠》一诗，诗中有句云："主人苍生望，假我青云翼，风水如见资，投竿佐皇极。"又请求汲引，亦无结果。

次年春天，李白回到长安，穷愁潦倒，一筹莫展。

在长安期间，他还看到、听到很多使他惊愕、奇怪、愤慨、不平的事。宦官贵戚一群群"连云开甲宅"；斗鸡小儿一个个"冠盖何辉赫"。号称"广开才路"的大唐王朝，却原来是："梧桐巢燕雀，枳棘栖鸳鸾。"却原来是："生儿不用识文字，斗鸡走马胜读书。"（开元年间民谣）……唐王朝的阴暗面，使李白大失所望。

在这种情况下，李白一肚子窝囊气没处发泄，政治上的苦闷无法排遣，便去和一些斗鸡赌狗的长安少年伙在一起，胡混了一些日子。有一次还和一些豪门少年发生了冲突，被他们包围起来，受了侮辱，也许还挨了打，幸得友人陆调把他救了出来。

总而言之，李白第一次入长安谋出路，不但毫无结果，而且处处碰钉子，事事触霉头。最后实在无法，便打算离开长安。就在这时，李白写下了他的《行路难》（其二）：

大道如青天，我独不得出。羞逐长安社中儿，赤鸡白狗赌梨栗。弹剑作歌奏苦声，曳裾王门不称情。淮阴市井笑韩信，汉朝公卿忌贾生。君不见昔时燕家重郭隗，拥彗折节无嫌猜。剧辛乐毅感恩分，输肝剖胆效英才。昭王白骨萦蔓草，谁人更扫黄金台！行路难，归去来！

　　"行路难，归去来！"这是李白在人生道路上第一次经历坎坷发出的一声愤慨的叹息。这一声叹息为我们揭开了封建社会所谓"盛世"的一角，这一声叹息结束了李白无忧无虑的青年时代。

　　长江大河怎能没有险滩暗礁？正因为这些险滩暗礁，长江大河出现了"乱石崩云，惊涛裂岸，卷起千堆雪"的壮观。人生的道路上怎么没有坎坷曲折？正因为在人生的道路上遇到了坎坷曲折，李白的诗歌创作出现了第一个高潮。《苦雨赠卫尉张卿》和《行路难》，只不过是这个高潮的前奏；《蜀道难》便是这个高潮的洪峰。

　　在离开长安的前夕，适值友人王炎入蜀，李白给他饯行，并写了一篇赋送他："咸阳之南，直望五千里，见云峰之崔嵬。前有剑阁横断,倚青天而中开。上则松风萧飒瑟飔,有巴猿兮相哀。旁则飞湍走壑,洒石喷阁,汹涌而惊雷。……"(《剑阁赋》)又写了一首诗送他:"见说蚕丛路,崎岖不易行。山从人面起,云傍马头生。芳树笼秦栈,春流绕蜀城。升沉应已定,不必问君平!"(《送友人入蜀》)诗的最后两句,实际上是借他人酒杯,浇自己块垒,感慨自己在长安道路艰难,仕进无望,徒留无益,不如归去。

在饯别王炎以后,回到下处,李白一边收拾行李,一边思前想后。想起这几年来,"遍干诸侯",竟然一事无成;"历抵卿相",更是处处碰壁。这究竟是怎么一回事呢?朝廷不是"广开才路"吗,"路"在哪里?"大道如青天",为什么"我独不得出"?……在苦闷而又愤慨的探索中,饯别王炎的席间所谈到的关于蜀道的种种艰险之状,又出现在他眼前。"啊,我原来以为光明灿烂、笔直宽广的长安大道,原来才是难于上青天的蜀道!"这一下,古代关于蜀道的神话,人们关于蜀道的传说,便和李白胸中蓄积多日的思想感情结合起来。于是胸中的狂澜便化为峥嵘的形象,联翩出现;峥嵘的形象又借着传神的笔墨,一气呵成:

噫吁嚱，危乎高哉！蜀道之难，难于上青天！蚕丛及鱼凫，开国何茫然。尔来四万八千岁，不与秦塞通人烟。西当太白有鸟道，可以横绝峨眉巅。地崩山摧壮士死，然后天梯石栈相钩连。上有六龙回日之高标，下有冲波逆折之回川。黄鹤之飞尚不得过，猿猱欲度愁攀援。青泥何盘盘，百步九折萦岩峦。扪参历井仰胁息，以手抚膺坐长叹。问君西游何时还，畏途巉岩不可攀。但见悲鸟号古木，雄飞雌从绕林间。又闻子规啼夜月，愁空山。蜀道之难，难于上青天！使人听此凋朱颜。连峰去天不盈尺，枯松倒挂倚绝壁。飞湍瀑流争喧豗，砯崖转石万壑雷。其险也若此，嗟尔远道之人胡为乎来哉！剑阁峥嵘而崔嵬，一夫当关，万夫莫开。所守或匪亲，化为狼与豺。朝避猛虎，夕避长蛇，磨牙吮血，杀人如麻。锦城虽云乐，不如早还家。蜀道之难，难于上青天！侧身西望长咨嗟。

李白首屈一指的代表作《蜀道难》便这样诞生了。

盛唐的一颗巨星已经从地平线上高高升起，在众星灿烂的天幕上射出它特别耀眼的光芒了。

天生我材必有用，千金散尽还复来

——李白在开元后期

黄河，洪波滚滚，浊浪滔滔，流向东方。

一叶扁舟在波浪中颠簸着，起伏着，顺流而下。

一行大雁，自南而北，横过大河上空。嘎嘎的鸣声，引得船上一个旅客探出头来，接着他又走出船舱，伫立船头，久久地观看大雁，一直到它们没入苍莽的原野。然后低下头来，发出一声长叹。

大雁都回去了，他却有家难归。

赴京前夕，《上安州裴长史书》末尾的得意之笔——"何王公大人之门不可以弹长剑乎？"——这时好似一柄利剑刺着他的心。他怕看见妻子的眼泪，他怕听见丈人的叹息，他更受不了一些亲友的冷嘲热讽。他只好在外漂流。

李白从长安出来后，顺黄河而下，初游"梁苑"。
"梁苑"是汉梁孝王在他的王国首都睢阳（唐为宋城）兴建的苑囿。梁孝王曾经邀请司马相如、枚乘、邹阳等著名文人到此集会，因此传为千秋佳话。到唐代，已经将近一千年过去了，剩下的只不过一片败瓦颓垣，古木涧池。而李白却整个夏天都在"梁苑"的废墟上寻觅、徘徊。

就在此时此地，李白写下了他的《梁园吟》。

随后，他又来到龙门。龙门传说是大禹治水留下的遗迹。耸峙在洛阳南面的一座大山，好像被巨斧劈成两半，两边的悬岩峭壁形成一道高大的门阙，伊水从中流过，北入黄河。因此龙门又名伊阙。龙门的冬天，寒冷而又荒凉，远近的游客都早已回去了，连最有名的香山寺也空寂无人。李白却在这里从秋天滞留到冬天。

就在此时此地，李白写下了他的《梁甫吟》。

《梁园吟》和《梁甫吟》是李白的重要作品。这两首诗有一个共同的特点，就是：虽悲不遇，却尚能自慰自解。例如《梁园吟》中，在慷慨怀古之际，正不胜悲哀："梁王宫阙今安在，枚马先归不相待。舞影歌声散渌池，空余汴水流东海。沉吟此事泪满衣，黄金买醉未能归。"——正哀叹今无梁孝王其人，自己没有司马相如、枚乘等人那样的幸运,却又忽然豪兴大发,及时行乐,而且对未来充满了希望:"连呼五白行六博,分曹赌酒酣驰晖。歌且谣,意方远。东山高卧时起来,欲济苍生未应晚。"《梁甫吟》也是如此。"梁甫吟,声正悲。"——正在为自己处苦寒之境而悲哀,却又忽然高瞻远瞩,信心百倍:"张公两龙剑,神物合有时。风云感会起屠钓,大人嶷屼当安之。"

在这些诗中,我们看见诗人忽悲忽喜,时哀时乐。笑容与眼泪几乎同时出现在他的脸上,牢骚和欢歌几乎同时迸发自他的胸间。

这种情况也出现在《将进酒》一诗中,而且表现得更典型。

开元二十三年,李白三十五岁,应好友元演之邀,旅游太原。元演的父亲是当时的太原府尹,负责北方的边防。李白在太原期间得到元氏父子热情的招待,过得很惬意。居留一年有余,其间又北游雁门,直到次年早秋才返回河南。临走时,又得到元氏父子丰厚的馈赠。

李白返至河南后,在洛阳遇到故人元丹丘,元丹丘也刚从峨眉山回来。李白应邀到元丹丘的颍阳山居盘桓数日,适逢另一位友人岑勋也来到元丹丘处。三位朋友置酒高会，开怀畅饮，直到皓月东升，兴犹未已。在饮酒中间，李白时而谈到他的雄心壮志和赏心乐事，不禁眉飞色舞；时而谈到他早生的华发和倒霉的遭遇，又不禁感慨唏嘘。边谈边饮，边饮边谈，李白的酒已喝得不少了，久已积蓄在心中的思想感情，便涌了上来。《将进酒》一诗即作于此时此地。

　　君不见，黄河之水天上来，奔流到海不复回！君不见，高堂明镜悲白发，朝如青丝暮成雪！

　　元丹丘的颍阳山居，在嵩山西南麓，距洛阳只有几十里，离黄河也就不远。登上它背后的马岭，可以看到黄河，故诗人以黄河起兴。黄河自西而来，如同自天而降，然后一泻千里，直奔东海。这种景象触发了李白心中青春易逝、功业未成的愁绪。感到自己的黄金岁月，恰像黄河流水一样，也将一去不复返，满头青丝很快就会变成满头霜雪，因而不禁悲从中来。但这种悲哀，是大丈夫壮志未酬的悲哀，所以虽悲亦壮，虽哀亦豪。不是凄凄惨惨，而是呼号奋发。

　　诗人正在悲哀之际，忽又看见盛唐的光辉还在天边闪耀，忽又感到青春的活力还在他血管里奔流。于是他又开张心颜，斟满希望的酒杯，奏起行乐的琴弦，吟出一串欢快的诗句：

人生得意须尽欢，莫使金樽空对月。天生我材必有用，千金散尽还复来。烹羊宰牛且为乐，会须一饮三百杯。

正当他陶醉在及时行乐和对未来的希望之中，多年来怀才不遇的愤懑又翻腾上来。正当他拿起酒壶，劝别人和他一起"尽欢"之时，却又流露出如此虚无的思想和如此颓废的情绪：

岑夫子，丹丘生。将进酒，杯莫停。与君歌一曲，请君为我倾耳听：钟鼓馔玉不足贵，但愿长醉不用醒，古来圣贤皆寂寞，唯有饮者留其名。

好像他把一切都看穿了：功名富贵有啥用？圣贤豪杰又有啥好？还是在醉生梦死中过一辈子吧！——实际上这是故意说气话，表示他对当时社会的不满。

大概是作为主人的元丹丘怕李白饮酒过多，牢骚太甚，故意说没有钱打酒了。李白却仍不肯罢休，接着高声吟出：

陈王昔时宴平乐，斗酒十千恣欢谑。主人何为言少钱，径须沽取对君酌。五花马，千金裘，呼儿将出换美酒，与尔同销万古愁。

"陈王"，即陈思王曹植。"平乐"，楼观名，故址在洛阳。曹植《名都篇》中有"归来宴平乐，美酒斗十千"两句。写的是一个贵族青年无所事事，只有以斗鸡走马、歌舞饮酒为乐，借以消遣岁月。实际上曹植写的就是他自己，抒发的是他自己被弃置不用的怨望之情。李白在诗中用"陈王"的故事，暗中也有这个意思。

最后这几句的大意是：想那才华绝代的陈思王曹植，因曹丕当权忌才，而被弃置不用，还不是只有靠饮酒作乐来打发日子。我们为什么不可以学他那样？没钱吗？把元演父子送我的五花马、千金裘拿去换酒吧！换了酒来让我们尽情一醉，把心中陈古八百年的忧愁都一扫光吧！——虽是借酒浇愁，仍然充满了豪情逸兴。

《将进酒》一诗的调子，可谓非悲非乐，亦悲亦乐，乐中有悲，悲中有乐。这种特点，前人虽然也注意到了，把它比成"兵家之阵"，说它"方以为正，又复为奇；方以为奇，忽复是正。出入变化，不可纪极"（杨载《诗法家数》），却以为这仅仅是李白诗法高妙，而不知这也是时代使然。

　　就在"开元之治"如日中天之际，唐玄宗就已开始失去励精图治之心。封建统治阶级日益骄奢淫逸，朝廷广开才路的诏令也逐渐变成一纸空文。但在开元年间，阴影还潜伏在光明的下面，光明还给人以相当的魅力；李白也才三十多岁，正当盛年。他以为他的怀才不遇，报国无门，只是时机还没有到，一旦时机到了，他还有飞黄腾达之日。因此，他一方面对唐王朝产生了怀疑和失望，一方面又对它还抱有很大希望。一方面感到青春易逝，功业未成，而自悲自叹；一方面又觉得来日方长，此生还大有可为，而自慰自解。所以在他的诗歌中就出现了明暗交错，悲欢杂糅的调子。

　　《梁园吟》《梁甫吟》和《将进酒》，都是李白在开元后期的代表作。它们好像一支支五音繁会的交响曲，我们从中可以听到诗人的心声，从而想见那个时代。

功业若梦里，抚琴发长嗟

——李白流寓山东

———

当北斗星的斗柄指向东方，大地上又是一年春降。幽谷里兰丛抽蕊，小河中绿波荡漾。试登高望远，见芳草萋萋，像整齐的绒毯铺向远方。

我的心旌摇摇，像春风飘飘。我理想的美人啊，到哪里去寻找？我盼望的佳期啊，为何还是这样杳杳？

我曾经在长江边上准备把芬芳的瑶草捧献；我曾经在汉水湾里编织过美丽的花环。我曾经在岘山之北把那里的游女追求；我曾经在洞庭之南洒下相思的眼泪点点斑斑。我曾经在淇水上把远方的亲人想念；我曾经朝朝暮暮伫立在阳台之下，梦想神女下凡。可是春天已快过完了，我的美梦还没有实现。我的眼呀快穿，我的心呀缭乱，我的惆怅呀无限！

河水啊，你为什么流得这样慌？春天啊，你为什么去得这样忙？白发啊，你为什么这样早就出现在我头上？我恨不能用一根长绳抛上天去，拴住那向西飞跑的太阳！

············①

就在这种痛惜余春将逝，深感前途渺茫的心情下，李白接近"不惑"之年。大概由于夫人许氏病故，在安陆再也待不下去，他便带上两个孩子流寓山东，寄居任城。

"顾余不及仕，学剑来山东。"李白在没有出路的情况下，曾想弃文就武。当时以剑术名天下的裴旻正寓居山东，李白也确曾给他写过信，表示愿意给他当门人。但这只是一时的冲动，并无下文。实际上他到山东后，仍是到处漫游，到处干谒诸侯。虽然所到之处，州县官吏们按当时的规矩，都以礼相待，留他盘桓十天半月，临行送些盘费；或请他写几篇诗文，再送些润笔之资。但他理想中的"美人"仍然不知在哪里，他盼望的"佳期"依旧迟迟不

---

① 李白《惜余春赋》译意。

来。因此，他不免又在诗中发牢骚，抒愤懑。

例如他在《赠范金乡》一诗中写道："我有结绿珍，久藏浊水泥。时人弃此物，乃与燕石齐。……"

又如他在《早秋赠裴十七仲堪》一诗中写道："荆人泣美玉，鲁叟悲匏瓜。功业若梦里，抚琴发长嗟。……"

又如他在《送鲁郡刘长史》一诗中写道："鲁国一杯水，难容横海鳞。仲尼且不敬，况乃寻常人。……"

又有一次，兖州长史刘某打发了他几匹"鲁缟"。这点东西卖了，还不够李白偿还酒债。李白写了一首诗，向刘长史表示他的"感谢"。诗中用的是"赠绨袍"的故事，把自己比作范雎，把刘某比作魏齐，实际上是把这位长史讽刺了一顿。

李白这些抒愤懑、发牢骚的诗，自然很不讨人喜欢；他平日一些不拘小节的行为，想必也遭人非议；特别是李白给儿子取名伯禽，更使他显得是个怪物。原来这"伯禽"二字乃是周公儿子的名字。周公辅成王时，伯禽封于鲁，在位四十六年，应该算鲁人的老祖宗了。李白却把人家老祖宗的名字用来叫自己的儿子，某些东鲁人士自然要群起而攻之了。

李白这些言行不免给他招来一些明枪暗箭，这些明枪暗箭在他脑子里逐渐变成一个古代儒生的形象：一个白发小老头儿，头戴一顶方帽子，足穿一双双梁鞋。走起路来，摇摇摆摆，长袍扫地，尘土飞扬。他言必称尧舜，行必法周孔，席不正不坐，割不正不食，但一心想吃孔庙里的冷猪肉。谈起学问来，只知道死抠书本。作起诗来，讲究字字句句有来历。但问起他经国济世之道，当今时政得失，大丈夫安身立命之事，老头儿就只有大睁其眼，大张其嘴，如堕五里雾中。于是李白写了一首《嘲鲁儒》：

> 鲁叟谈五经，白发死章句。
>
> 问以经济策，茫如坠烟雾。
>
> 足著远游履，首戴方山巾。
>
> 缓步从直道，未行先起尘。
>
> 秦家丞相府，不重褒衣人。
>
> 君非叔孙通，与我本殊伦。
>
> 时事且未达，归耕汶水滨。

与此同时，李白却在另外一些人中间得到了真诚的友谊和崇敬。

有一次，他到了一个叫中都的小县，住在一家小客栈里。有一个在县里当差的小吏，叫逢七朗，特地提了两尾鲜鱼和一罐好酒来拜访李白。李白一看，鱼是汶水中的"紫锦鳞"，酒是兰陵的"郁金香"，正是自己喜好之物，便也不讲客气，叫店小二赶快收拾出来，美美地饱餐了一顿，痛饮了一番。最后才想起自己和逢七朗萍水相逢，怎好白吃人家的。逢七朗说："我什么报酬也不要，就要你一首诗。"李白说："我也无以为报，只有送你一首诗。"说罢，提起笔来便写了一首《酬中都小吏携斗酒双鱼于逆旅见赠》：

> 鲁酒若琥珀，汶鱼紫锦鳞。
>
> 山东豪吏有俊气，手携此物赠远人。
>
> 意气相倾两相顾，斗酒双鱼表情素。
>
> 双鳃呀呷鳍鬣张，跋剌银盘欲飞去。
>
> 呼儿拂机霜刃挥，红肥花落白雪霏。
>
> 为君下箸一餐饱，醉著金鞍上马归。

　　写好一首，兴犹未已，李白又写了一首《客中作》：

兰陵美酒郁金香，玉碗盛来琥珀光。

但使主人能醉客，不知何处是他乡。

逢七朗如获至宝，欢天喜地而去。

逢七朗的仰慕之忱固然使李白在穷途中得到很大的安慰，但李白一向以为诗文是余事。他还在梦想建功立业，而且是像鲁仲连那样，用奇伟倜傥之画策，立千秋不朽之功勋，然后功成身退。因此，他到了鲁仲连的故乡，渤海边上的青州，缅怀这位为人排难解纷而不受报酬的义士，特地写下了《古风》一首，并借以抒发自己的怀抱：

齐有倜傥生，鲁连特高妙。

明月出海底，一朝开光曜。

却秦振英声，后世仰末照。

意轻千金赠，顾向平原笑。

吾亦澹荡人，拂衣可同调。

（《古风》其十）

就这样，李白带着过早出现的白发，带着虽屡历坎坷但仍不衰歇的建功立业的梦想，在四十二岁头上，送走了开元二十九年的除夕，迎来了天宝元年的元旦。

骑虎不敢下，攀龙忽堕天

天宝元年正月初一日，长安城里兴庆宫勤政楼上，文武百官济济一堂，在宰相李林甫带领之下，朝贺天子得宝，齐声高呼："天下太平，万寿无疆。"玄宗高高兴兴接受了群臣朝贺以后，就颁下一道诏令，改元天宝。

原来，玄宗在头年春天做了一个梦，梦见太上老君（据说是他们家的始祖，早已封为玄元皇帝）告诉他："我有真容在京师西南百余里，你把它迎回来，保你享寿千年。"玄宗派人到终南山麓的楼观台去找，果然找到了一幅老子画像，便敲锣打鼓地迎回长安。然后又扩建了原有的玄元皇帝庙，并改名紫极宫，将老子画像请到宫中供了起来。

紧接着，陈王府参军田同秀也在大街上看见老子显圣，在空中叫他传语玄宗："我有一道灵符，藏在关令尹的故宅中。"玄宗派人到原函谷关尹喜台去找，果然又找到灵符一道，上面写着"天下太平，万寿无疆"八个大字。

因此，年号"开元"就改为"天宝"。

从此以后，老君不断地显灵，灵符就不断地被发现，长生药和长生术就不断地被献进宫中，看相算命的和装神弄鬼的方士们也作为"人才"，被请进了翰林院。

这年秋天，四十二岁的李白，正在东南会稽郡的剡溪山中游山玩水，借以消愁解闷。忽然传来消息：朝廷召他进京。要不是亲眼看见盖着煌煌大印的文书，他还以为自己在梦中呢！"仰天大笑出门去，我辈岂是蓬蒿人！"他以为几十年来盼望的"佳期"终于到了，几十年来思念的"美人"终于出现了。于是，李白第二次入长安。

李白到了长安，等待召见。有一天，他到紫极宫瞻仰老子"真容"，遇见秘书监贺知章。贺知章虽然官居三品，却是个名士派，自号"四明狂客"，加之他也爱写诗，又爱喝酒，所以和李白一见如故。贺知章读了李白的一些作品后，大加赞赏。特别是读到《蜀道难》，更是赞不绝口："这样的诗真是可以惊风雨，泣鬼神啊！"然后把李白看了又看，说道："你可不是太白星精下凡吗！"从此以后"李谪仙"的称号就传开了。

又由于贺知章的推荐，唐玄宗亲自召见了李白。一见面，果然是个人才。草制诗文，倚马可待；谈论经济，口若悬河。人也长得一表非凡：气宇轩昂，双目炯炯，站在金銮殿上，好像一片朝霞升起于东方。对比之下，万乘之尊也为之减色。玄宗很是高兴。汉武帝既然有司马相如，他李隆基左右怎能没有一个可以夸耀于后世的御用文人呢？于是吩咐"赐宴"，亲自把李白招待了一番，最后给李白封了个"翰林待诏"。

"翰林待诏"就是待在翰林院里，听候皇帝下诏，或帮助起草文书，或回答皇帝的咨询，或侍候皇帝宴游，作些点缀太平的诗文，本是个帮闲的角色。但在当时一般人心目中，毕竟还是相当荣耀的。这一下，李白马上声价百倍。第一次上长安时，那些对他饷以闭门羹的人，给他冷板凳坐的人，拿白眼看他的人，以及欺负过他的人，这时都接二连三、牵四挂五地来拜访他，邀请他，巴结他。李白倒也着实高兴了几天。他以为他的辅佐天子"济苍生，安社稷"的理想就要实现了。

李白待在翰林院里，三天五天过去了，十天半月过去了，既不见玄宗委派他正式官职，也不见玄宗找他研究国家大事。有一天，内侍来传他，却是叫他给皇帝和杨贵妃①当侍从上骊山温泉宫去。过了些时日，内侍又来传他，却是叫他制作《宫中行乐词十首》。春天来了，玄宗游览春苑，听树上鸟儿叫得好听，李白又奉诏作《龙池柳色初青，听新莺百啭歌》。牡丹开了，玄宗和杨贵妃游兴庆池，李白又奉诏作《清平调三首》。夏天来了，玄宗游白莲池，李白又奉诏作《白莲花开序》。当时李白正喝醉了酒，内侍便用冷水浇头，硬把他弄醒，扶上龙舟。

由于李白的捷才，接连奉诏应制，也接连受到皇帝赏赐，使得其他的翰林学士们都非常羡慕。以中书舍人待诏翰林的张垍更是妒火中烧。原来这些差事都是由张垍应承，李白来了以后，就没他的份了，他怎能不忌妒呢？

对于这些差事，李白开始也感到很荣耀，后来老是侍候帝妃们吃喝玩乐，不免感到有些厌倦。最后他终于明白皇帝对他不过以"俳优蓄之"，并不要他"济"什么"苍生"，"安"什么"社稷"。李白大失所望。心里的苦闷

---

① 开元二十八年十月，寿王妃杨玉环为道士，号太真，实际上此时已纳为妃。正式册封为贵妃是在天宝四载。

无计排遣，便常常跑到街上去喝得酩酊大醉。从杜甫《饮中八仙歌》中所说的"李白一斗诗百篇，长安市上酒家眠。天子呼来不上船，自称臣是酒中仙"看来，李白可能有过借酒装疯，拒不奉诏的事。

又有一次，唐玄宗在便殿召见李白，叫他起草一篇什么诏书。他又恰在醉中，又是用冷水把他弄醒，心里本来已经大不自在，到得殿上东倒西歪，勉强拜舞了一番，便要求皇帝让他随便一点，他才能奉诏完篇。皇帝只好说"可以"。他又表示要将一身穿戴松一松，皇帝就叫给他取双便鞋来。他便趁势向着高力士把足一伸："给我把靴子脱了。"高力士虽是个太监，却得到皇帝无比宠信，正是炙手可热的年头。皇太子要称他"阿哥"，王公大臣要称他"阿爹"，公主驸马更称他"阿爷"，连玄宗也称他"将军"。当时哪个敢不尊敬他？气焰之盛还了得！但他却没有想到一个轻如鸿毛的"布衣"，一个空头衔的"翰林待诏"，竟会来这么一下。在这种猝不及防的突然袭击下，高力士当惯奴才的膝盖便自然而然跪了下去，竟给李白把靴子脱了。这一次，李白算是稍稍出了一下胸中的闷气。

李白对高力士尚且如此，对其他仗势欺人的权贵如掌管翰林院的张垍之流，更是不放在眼里，甚至当面拿他们取笑。正如苏轼所说："戏万乘如僚友，视俦列如草芥。"与此同时，李白和贺知章等人却是颇为投机，他们常在一起喝酒作诗，号称"酒中八仙"。除此之外，李白又去找一些普通人做朋友，譬如终南山中的"隐者"呀，"山人"呀，他和他们一起登紫阁峰，游五陵原。从《望终南山寄紫阁隐者》《下终南山过斛斯山人宿置酒》等诗可以看出来，李白觉得和他们在一起，生活在大自然的怀抱里，比在宫廷里自在多了。

李白这些狂放的言行和权贵们发生了尖锐的矛盾，高力士、张垍等人对他的排斥也就日益加紧了。他们通过杨贵妃给玄宗耳朵里进了不少谗言，又在宫廷内外大造空气，无非是说李白如何狂妄自大，如何不修边幅，又爱和一些不三不四的人来往，还爱跑到街上去坐小酒馆，简直不成体统，有辱翰林！这一套，李白哪是他们的敌手呢？何况，皇帝也叫人看着不像个真正的圣明天子，还有些宫廷内幕，李白看在眼里，梗在心里，便对这个"盛世"越来越怀疑，越来越失望。加之他的好友接二连三都走了，李白经过一番思想斗争，也就下定决心要离开长安了。这种思想情绪在他这一时期写的如《灞陵行送别》《金门答苏秀才》《朝下过卢郎中叙旧游》《翰林读书言怀》等诗里都或多或少地流露出来。从《送裴十八图南归嵩山》一诗更可看出，李白去意已决，只是时间早迟而已。

何处可为别？长安青绮门。

胡姬招素手，延客醉金樽。

临当上马时，我独与君言。

风吹芳兰折，日没鸟雀喧。

举手指飞鸿，此情难具论。

同归无早晚，颍水有清源。

诗中的"风吹芳兰折"比喻好人受压；"日没鸟雀喧"，比喻谗言竞作。《翰林读书言怀》一诗中也提到类似情况："青蝇易相点，白雪难同调。本是疏散人，屡贻褊促诮。"从这些诗里可以看出，李白被这一些人排挤得也实在待不下去了。

李白终于在天宝三载的春天，正式上书请求"还山"，唐玄宗也很快批准，给了一点钱，把李白打发了。李白临行时写了一首《咏鹦鹉》："落羽辞金殿，孤鸣托绣衣。能言终见弃，还向陇西飞。"其实，他并不是鹦鹉，而是唐玄宗把大鹏当鹦鹉饲养起来，让它学舌逗乐，结果，大鹏终于挣脱足上的金链腾空飞走了。

李白两次入长安，两次都是乘兴而来，败兴而返。第二次更是飞上了天，又跌下了地。正像他自己诗中所说的"骑虎不敢下，攀龙忽堕天"（《留别广陵诸公》）。封建统治阶级给他的打击，一次比一次更沉重地落在他头上。这些打击在李白胸中激起的狂澜，也一次又一次地冲击着挡住它前进的岩石，涌起层层叠叠的雪浪，发出惊心动魄的巨响。于是我们又读到一篇和《蜀道难》异曲同工的杰作，这就是《梦游天姥吟留别》。

正如他写《蜀道难》，并不是在写蜀道之艰难，而是在写仕途之崎岖，借以反映他一入长安的遭遇；他写《梦游天姥吟留别》，也并非白日说梦，而是在写他"攀龙堕天"的经过，借以反映他二入长安的始末。

"海客谈瀛洲，烟涛微茫信难求；越人语天姥，云霞明灭或可睹。"——表面上是说，蓬莱仙岛渺茫难求，天姥胜境或可一睹；实际上是说，先前以为学道求仙难以成功，从政入仕也许比较现实。

"天姥连天向天横，势拔五岳掩赤城。……"——表面上是写想象中的天姥山，实际上是写向往中的长安城。

"我欲因之梦吴越，一夜飞渡镜湖月。"——表面上是因越人之语而入梦，实际上是因玄宗之召而入朝。

"脚著谢公屐，身登青云梯。半壁见海日，空中闻天鸡。"——表面上写的是山中登临，实际上写的是金銮召见。

"千岩万转路不定，迷花倚石忽已暝。""青冥浩荡不见底，日月照耀金银台。"——表面上写的是山重水复，柳暗花明；实际上写的是仕途坎坷，宦海波澜。

"熊咆龙吟殷岩泉，栗深林兮惊层巅。云青青兮欲雨，水澹澹兮生烟。列缺霹雳，丘峦崩摧。洞天石扉，訇然中开。"——表面上写的是天姥山中的历险记，实际上写的是翰林院中的生活录……

总而言之，整个诗表面上写的是太虚幻境，实际上完全是人间现实。三个年头的"翰林待诏"生活，确实像一场游仙梦。原以为无限光明、无限美好的仙山，竟也有许多可惊可怖的事物；原以为"虽秦皇与汉武兮，复何足以争雄"的大唐王朝，竟也有许多可怪可愕的事物。最后，梦中人终于惊醒而发出长叹："惟觉时之枕席，失向来之烟霞！"天姥仙山啊，你使我向往的美景哪里去了？大唐王朝啊，你给我的好梦哪里去了？

作者似乎唯恐读者不了解他惝恍迷离的笔墨所包含的深意，又特意为我们点醒"世间行乐亦如此"——我第二次入长安也是像这样一场梦啊！于是在梦醒以后，他便决意和这样的"仙山"——朝廷告别了："别君去兮何时还？且放白鹿青崖间，须行即骑访名山。安能摧眉折腰事权贵，使我不得开心颜！"

　　好一个"安能摧眉折腰事权贵，使我不得开心颜！"李白在《梦游天姥吟留别》一诗中，充分表现了他的铮铮铁骨，浩浩正气。

　　在《蜀道难》中，我们看见李白从青年的梦幻中醒来，充满了惊愕与失望。在《梦游天姥吟留别》中，我们则看见他从中年的梦幻中醒来，充满了愤懑与轻蔑，而颇有和封建统治阶级决裂之意了。

黄河落天走东海，万里写入胸怀间

——李白去朝十年

唐玄宗天宝三载，济南郡的道教寺院紫极宫里，香烟缭绕，钟鼓时鸣，正在举行新教徒入教仪式。

信徒们衣冠整洁，神气肃穆。每一个人的手反剪在背后，就像绑赴刑场的罪犯一样，一个跟着一个走上法坛，然后就环绕法坛不停地走动，口中念念有词，向神灵忏悔自己一生的罪过。这样度过七天七夜之后，每一个人从主持仪式的高天师手里接过用朱笔写在白绢上的经文和符咒——这就是所谓的"道箓"。接受了"道箓"之后，这批信徒就成为真正的道士。

在这一批新道徒中，就有李白。就是说，李白离开长安的当年，就回到山东当了道士。

这自然是一件"大蠢事"，一向狂放不羁的诗人李白怎么会去干这种蠢事呢？他真的迷信到这种地步吗？

唐代奉道教为国教。李白在青少年时代就和道教有接触，中年漫游四方，更爱访道寻仙："五岳寻仙不辞远，一生好入名山游。"甚至搞些采药炼丹之类的事："炼丹费火石，采药穷山川。"道教神仙思想对李白影响确实很大，而且多次反映在他的诗里。

但是，若说李白真正相信道教的一套，他的去当道士就是心甘情愿成为宗教迷信的俘虏，那就太简单化了。

应该看到，李白在他的作品中也不止一次批判过道教的神仙思想。例如："提壶莫辞贫，取酒会四邻；仙人殊恍惚，未若醉中真。"（《拟古》）再如："贤圣既已饮，何必求神仙。三杯通大道，一斗合自然。"（《月下独酌》）再如："蟹螯即金液，糟丘是蓬莱；且须饮美酒，乘月醉高台。"（同上）可见，他并不迷信，或不完全迷信道教，那么，为什么他又居然能忍受那一套烦琐的甚至痛苦的仪式，煞有介事地接受了那莫名其妙的"道箓"，而成为道士呢？

这在李白实有难言之痛。他第一次入长安，毫无结果，反受些窝囊气；第二次入长安，开始给他那么大的希望，后来又给他那么大的失望。表面上是"赐金还山"，实际上是被逐出长安。这对于李白是多么大的打击，多么大的痛苦啊！他怎么来承受这种打击，怎么来解脱这种痛苦呢？他需要镇静剂，他需要麻醉剂，他需要止痛剂，而宗教恰是精神的鸦片。

再是，李白离开长安，除了是对唐玄宗的失望，也是为杨贵妃、高力士、张垍等谗言所迫，反映在诗中多次流露出忧谗畏讥的心情。虽然离开了长安，安知权贵们的迫害不会跟踪而至？"海鸟知天风，窜身鲁门东。"于是跑回山东；还是心有余悸，于是被迫遁入方外。"抑余是何者？身在方士格。"我已"身在方士格"了，你们还要怎么样呢？因此，李白当道士也是为了避祸。

三是，李白虽然满腹不平之气，满腔愤懑之情，但他只不过是一介布衣，没有任何可以进行抗争的物质力量。他所处的时代条件，又使他不可能彻底实行和人民结合。于是只有愤而"弃世"，"为三十六帝之外臣"（《送权十一序》），干脆不受你人间帝王管辖。因此，李白当道士也是对封建统治阶级的一种消极反抗。

李白接受"道箓"以后，并未在紫极宫或其他道教寺院中住着，修真养性，与世隔绝，而是继续漫游四方，走向更广阔的世界。他在整个天宝时期（742—755）十来年之间，多次漫游长江南北，黄河上下。我们伟大祖国唐代的版图上，几乎印满了李白的足迹。他到过多少名山大川，他探过多少幽岩奇壑，他看过多少风云变幻，他渡过多少惊涛骇浪！他见识过多少奇花异草、珍禽怪兽！他访问过多少秦碑汉碣、鲁殿楚宫！……大自然的千姿万态，供给他多少诗情画意；大自然的鬼斧神工，启发过他多少奇思遐想！

司马迁早提倡过"读万卷书，行万里路"，而且实际上他也确曾遍览名山大川，因此他的《史记》，汪洋浩瀚，奔放恣肆，疏荡有奇气，为古今第一史笔。几千年来有出息的知识分子，特别是诗人画家，都将司马迁这句话奉为圭臬，作为取得知识的途径，作为培养豪情逸兴的方法，甚至作为创作的源泉。正如陆游所说："挥毫当得江山助，不到潇湘岂有诗！"

李白正是如此，他之漫游四方，遍览名山大川，是为了"我欲因之壮心魄"（《赤壁歌送别》），是为了"将欲继风雅"（《入彭蠡题诗书游览之志》），是为了"挥斥幽愤"（《送张祖监丞之东都序》），是为了从大自然中，得到启发，取得灵感，借来形象，以便将他胸中的豪情逸兴和块垒愤懑，得心应手地转化为雄奇瑰丽的诗篇，转化为回肠荡气的旋律。

"黄河落天走东海，万里写入胸怀间。"（《赠裴十四》）这句名句可作为李白去朝十年生活和创作的写照。

李白在去朝十年的漫游中，不但没有远离现实，反而更关心现实。天宝年间，表面上虽然还是歌舞升平，实际上已经矛盾重重，甚至危机四伏。唐代社会的矛盾，太平盛世的危机，在他的大量登览、纪闻、咏物、宴游等作品中曲折地反映出来。特别是在一些直抒胸臆的作品中，李白对当时一些重大事件表示了鲜明的态度，对封建统治阶级的暴政进行了猛烈的抨击，对祸国殃民的权贵们掷去了犀利的投枪。

唐玄宗穷兵黩武，征伐无已。李白写《战城南》，大声疾呼："乃知兵者是凶器，圣人不得已而用之！"

唐玄宗迷信神仙，"所在争言符瑞，群臣表贺无虚月"。李白作《古风》其三（"秦王扫六合"），借古讽今。

杨国忠为了自己升官发财，一再兴师动众，讨伐云南，倾骁卒二十万，全军陷没，天下怨之。李白写《古风》其三十四（"羽檄若流星"），以刺其事。

李白还写了一首《雪谗诗赠友人》。诗中不仅对杨贵妃等人的谗谤予以反击，而且将他们比作姐己、褒姒、吕后、秦皇太后、郦食其、嫪毐，而予以痛斥。

天宝六载正月，北海太守李邕和淄川太守裴敦复遇害。李邕，开元中陈州刺史，以文章和书法名天下，又能识拔人才，因此颇孚众望。所到之处，人民群众，阡陌聚观；知识分子，望风拜谒。因此遭到李林甫等权贵们的忌妒。天宝初把他贬到边远的北海郡（今山东东部滨海一隅）去当太守。后来，又抓住他一点小辫子，将他逮捕下狱。最后竟在他七十高龄之年，将他活活打死在刑庭之上。刑部尚书（后贬为淄川太守）裴敦复是李邕的"同案犯"，其实也是为李林甫等所忌，和李邕同时被杖杀。而当时一些供上层统治阶级玩乐的斗鸡走狗之徒，一个两个都是青云直上，声势煊赫。真是黄钟毁弃、瓦釜乱鸣！消息传来，群情激愤。李白震动尤大，联想到他自己的遭遇，更觉有切肤之痛。悲痛在他胸中回旋，愤怒在他胸中激荡……

紧接着，天宝七载，连年征伐无已的唐玄宗，又命陇右节度使哥舒翰率六万之众，攻打吐番。为了一个"得之不足以制敌，不得不足以害国"的石堡城，竟不惜牺牲上万士卒的生命。石堡一役，最突出地表现了唐玄宗视国家财富如粪土，视人民生命如蝼蚁，简直达到了疯狂的程度。同时，智勇双全、持重安边的将帅王忠嗣，却因进谏此事，以"阻挠军功"获罪，遭到贬黜，抑郁而死。这件事更使李白不胜悲愤。烈火在燃烧，熔岩要喷射，只需要一个小小的喷火口。

旅居金陵的李白，在一个严寒的冬夜，读到一个朋友寄来的一首诗，马上诗兴大发，便一气写成了一篇长达三百余字的《答王十二寒夜独酌有怀》，痛快淋漓地抒发出他心中积聚多日的愤懑：

君不能狸膏金距学斗鸡，坐令鼻息吹虹霓；君不能学哥舒，横行青海夜带刀，西屠石堡取紫袍。吟诗作赋北窗里，万言不值一杯水。世人闻此皆掉头，有如东风射马耳。

"狸膏金距"者，斗鸡术也。其法取狸膏涂鸡之头，又用金属为芒刺缚于鸡足，他鸡闻狸之气，则畏而走，即斗亦多被杀伤，因此，每斗必胜。玄宗好斗鸡，贵戚中亦翕然成风。擅长斗鸡者，辄取高官厚禄。这一段诗是借王十二寄来的诗发牢骚，故作愤激语：王十二啊，你既不能学一套斗鸡术去取悦权贵，马上飞黄腾达；又不能带兵去屠杀少数民族，立取紫袍玉带。你只会吟诗作赋，可诗赋再好有什么用？千言万语，呕心沥血，还当不得一杯白开水！谁看你的？谁听你的？好比东风射马耳，对牛弹七弦，白费心血罢了！——李白这一段"文章如土欲何之"的感慨，既是说王十二，也是说他自己，而归根结底是说当时的社会，讽刺封建统治阶级要奴才，不要人才；要屠刀，不要文化。

　　鱼目亦笑我，谓与明月同。骅骝拳跼不能食，蹇驴得志鸣春风。折杨皇华合流俗，晋君听琴枉清角。巴人谁肯和阳春，楚地犹来贱奇璞。黄金散尽交不成，白首为儒身被轻。一谈一笑失颜色，苍蝇贝锦喧谤声。曾参岂是杀人者，谗言三及慈母惊。

　　诗的中间一段是用自己怀才不遇和横遭谗谤，来暴露当时社会的黑暗：多么可笑啊！死鱼眼睛竟然冒充明月珠，反而来嘲笑我！千里马蜷卧在角落里不得奔驰，烂毛驴反而迎着春风得意地嘶鸣。庸俗的流行歌曲，正合俗人的口味；惊天地泣鬼神的乐章，反而没人欣赏。巴国中本来没有人能够欣赏"阳春""白雪"，楚国这个地方也从来是把玉璞当石头。没完没了的毁谤还在不断向我袭来，我一言一笑都动辄得祸。曾参哪里杀过人啊！但是接二连三的谣言，竟把他母亲也吓得翻墙跑了。

最后，诗的调子越来越激昂，语言也越来越尖锐，简直是锋芒毕露：

一生傲岸苦不谐，恩疏媒劳志多乖。严陵高揖汉天子，何必长剑拄颐事玉阶！达亦不足贵，穷亦不足悲。韩信羞将绛灌比，祢衡耻逐屠沽儿。君不见，李北海，英风豪气今何在？君不见，裴尚书，土坟三尺蒿棘居！少年早欲五湖去，见此弥将钟鼎疏。

在全诗的最后一段，李白用痛快淋漓的牢骚语，又一次表示了和封建统治阶级的决裂：我这一辈子就是不会溜勾子、拍马屁，便弄得来走投无路。既然我的"济苍生，安社稷"的理想不能实现，那就让我像严子陵那样，和汉光武帝告别了吧！何必用长剑拄着下巴颏儿立在玉阶之上侍候人呢？飞黄腾达又有什么可贵？布衣终生又有什么可悲？要让我和那些权贵们站在一起，我还感到羞耻呢！你不见李北海吗？为人仰慕的英风豪气到哪里去了？你不见裴尚书吗？可怜已变成了一抔黄土！我少年时代早已有出世的思想，这几十年下来，经历了这些事情，更是把功名富贵看得如粪土了！

在这首诗里，李白将他见到的不平，听到的不平，以及他自己身受的不平，化为一声声悲愤的控诉，炼成一支支震耳的鸣镝，直冲着李林甫等权奸们飞去，直冲着最高统治者唐玄宗飞去。为他自己遭受的屈辱鸣不平，也为含冤而死的一代忠良鸣不平，更为成千上万被迫充当炮灰的士卒和惨遭屠杀的少数民族鸣不平，李白奋不顾身唱出了时代的最强音。

李白在这一时期所写的许多诗歌里，或多或少都揭露了唐王朝的阴暗面，讽刺和抨击了最高统治阶级的荒淫和暴虐，多次公开辱骂权贵为"苍蝇""鸡狗""蹇驴""魑魅""沐猴而冠"……甚至把后期的唐玄宗比作商纣王、楚怀王等。其笔锋之犀利，感情之愤激，抨击之猛烈，在古今中外诗人的作品中实属罕见。

"黄河落天走东海"，李白去朝走天下，写入诗人胸怀间的，不仅是自然界的万里河山，还有"盛唐"社会生活的千顷波涛。

但是，李白毕竟是封建时代的知识分子，难以避免也有他软弱的一面，甚至庸俗的一面。他时而好像对封建统治阶级绝望了，时而又还抱着幻想；时而和封建统治阶级宣战，时而又和它妥协；时而对封建统治阶级极度轻蔑，多次唾弃，时而又怀念它曾经给过他的短暂的荣誉。他多次在诗中回忆，眷恋，甚至夸耀他在翰林院中的"黄金"岁月，有时简直达到自欺欺人的程度。如："长安宫阙九天上，此地曾经为近臣。"（《送族弟沈之秦》）又如："曾陪时龙跃天衢，羁金络月照皇都。"（《天马歌》）又如："翰林秉笔回英盼，麟阁峥嵘谁可见？承恩初入银台门，著书独在金銮殿。"（《赠从兄南平太守之遥》）在这些地方，李白就未能免俗，因而使人觉得可笑。然而这也不足为奇，历史上的巨人往往如此。

君王弃北海，扫地借长鲸

天宝十载的秋天，南阳附近的石门山中。李白应故人元丹丘之约到此盘桓。元丹丘在山中营建了一处新的幽居，比起他旧有的颍阳山居来，其峰峦之秀，林壑之美，以及远离尘嚣，更是有过之而无不及。李白来了一看，就羡慕不已。每日里，元丹丘陪着他随意登临。他们信步走去，也不记得走了多远。只觉得没有爬完几座山，已是千回百转，日色向暮。在寂无人声的山林中只听见猿猴叫唤，在幽深的山谷中还留着千年积雪。俩人流连山间景色，常常直到天黑，然后随着松林间的月光慢慢回去。李白真想在这里住下不走了，甚至干脆全家都搬到这山里来，从此隐居不仕。

几乎就在他打算隐居的同时，他心里又在做截然相反的打算。

有时忽惆怅，匡坐至夜分。

平明空啸咤，思欲解世纷。

心随长风去，吹散万里云。

羞作济南生，九十诵古文。

不然拂剑起，沙漠收奇勋。

老死阡陌间，何因扬清芬？

夫子今管乐，英才冠三军。

终与同出处，岂将沮溺群？

（《赠何七判官昌浩》）

诗中末句的"沮溺"，即战国时代的隐者长沮、桀溺。《水经注》："南阳叶邑方城西有黄城山，是长沮、桀溺耦耕之所。"诗中"岂将沮溺群"一句，除了表示栖隐山林并非本意外，亦切合当时所在之地。故知此诗即于是年作于元丹丘石门幽居。

从这首诗可以看出，李白就在这远离人寰的幽静的深山中，亦未能忘情于用世。他有时忽然惆怅起来，呆呆地一直坐到深夜；有时忽然心血来潮，一大早起来就引吭高歌，想为世间排难解纷。这时，他想起在幽州节度使幕府当判官的何昌浩来。何昌浩在内地也是郁郁不得志，谁知一去幽州，就身任要职，大大地有出息。回想自己，已经年逾半百，竟还是个白身人。难道一辈子就这样老死在阡陌之间吗？平生的雄心壮志就付之东流吗？何不学何昌浩，也到边塞上去试一试？只要有出息，弃文就武又有何不可？何必白首穷经，老啃书本子呢？于是李白给何昌浩写信，并附去这首诗，表示他要拂剑而起，收奇勋于沙漠。

很快就得到何昌浩复信，邀他前往幽州。李白也就在秋末冬初，出现在开封友人为他饯行的筵席上。席间，李白写下了《留别于十一兄逖裴十三游塞垣》一诗。诗中虽然豪情满怀，壮志凌云，但在豪言壮语之间，却又有一种掩抑不住的悲哀，特别是这最后几句：

　　劝尔一杯酒，拂尔裘上霜。

　　尔为我楚舞，吾为尔楚歌。

　　且探虎穴向沙漠，鸣鞭走马凌黄河。

　　耻作易水别，临歧泪滂沱。

其中"楚舞""楚歌"二句，分明使人感觉作者此时此际心情竟如项羽在垓下之战前夕；再加上"且探虎穴"二句，更增加了冒险气氛，给人以孤注一掷的印象。

为什么李白在幽州之行的前夕是这样一种思想感情呢？

原来幽州是安禄山的治下。安禄山在天宝初年本是幽州节度使张守珪手下一名小小的蕃将。但由于他迎合了唐玄宗穷兵黩武的政策，赢得了皇帝莫大的宠信，在十年之间竟一跃而为身兼平卢、范阳、河东三镇节度使的大人物。他掌握军队将近二十万，几为当时全国兵力的一半。谁知他兵权越大，野心也越大，加以眼见玄宗年事已高，内地武备松弛，便起了图谋不轨之心。从天宝十载春身兼三镇以来，更大肆招军买马，积草屯粮，以"边事"为幌子，积极为叛乱做准备。这从后世看来，自然洞若观火，但在当时，却是"势已盛而逆未露"。一般人还不知道一场可怕的叛乱正在天子最宠信的人物心中酝酿着。李白对安禄山的窃国阴谋虽不得而知，但对其人的跋扈不会毫无所闻，因此在临行之际，不能不心存疑虑：究竟他是国之干城呢，还是国之蟊贼？假若是前者，就可以借以建功立业，以遂生平之愿；假若是后者，则此行无异自投罗网。

李白无法判断，又为狂热的政治热情所驱使，便抱着"且探虎穴"的心情，冒险一行。

李白续娶的妻子宗氏对此行十分反对。她是曾在武则天时当过宰相，也遭过贬谪的宗楚客的后人。宗楚客最后是以参加韦后之乱的罪名被处死的。大概因为家庭中遭遇过重大的变故，深知宦海波澜之险恶，因此这位"相门女"自幼好道，淡泊自守，不欲夫婿觅封侯。何况，他们刚结婚不久，伉俪情笃，她自然不肯让亲爱的丈夫去冒险。因此苦口婆心，涕泣而道，甚至不惜极而言之，预言李白此去凶多吉少，可能一去不复返。尽管如此，李白仍然前往龙潭虎穴去了。

黄河渡头。风高浪急，浊流滚滚的景象，使人惊心动魄，妻子苦苦的劝告声还在耳边萦绕，李白不禁想起古乐府《箜篌引》。《箜篌引》中那个披发狂叟，向着波浪滔天的黄河跑来，他的妻子在后面一边追赶，一边叫喊，却未能将他止住，他终于跳下了黄河，随即被浊浪卷走了。李白感到自己此时此际就像那个乱流而渡的披发狂叟，而宗氏的千言万语便化作了一声声凄厉的呼唤："公无渡河！公无渡河！公无渡河！……"李白多想回到宗氏身边，但他已登上了黄河彼岸。就在这时，李白写下了他的

《公无渡河》一诗。

　　大概正由于心情矛盾，因此一路上走走停停，停停走走，直到次年十月，才到达幽州。

　　十月的幽州，已经是白杨早落，塞草先衰，但扩军备战却搞得热火朝天。烽火一处接一处燃烧起来，羽书一封连一封送进朝去。战车排着森严的行列，战马蹴起漫天的尘土。猎猎的旌旗漫卷着凄紧的风沙，呜呜的画角迎来了海上的明月。营帐布满了辽东的原野，兵器多得像天上的星星。将士们日夜在操练、演习，都以为是为了保卫王朝的边疆，迎击外来的敌人。李白不禁热血沸腾，而写了《出自蓟北门行》一诗，对守边的将士们大肆歌颂了一番。但是不久，李白就发现了事情的真相，穷兵黩武给人民带来的是深重的灾难。李白又像一下跌进冰窖里，刚到塞上时那种兴奋便一下转为悲愤，而写了《北风行》一诗，借一个"幽州思妇"的哀怨，抒写了他对幽州战事的诅咒。接着李白又发现了紧张的备战现象背后还有着更可怕的阴谋。原来招兵买马，积草屯粮，烽火连烧，羽书频传，安营扎寨，日夜操演，并不是抵御外来侵略，而是为了发动叛乱。李白忧心如焚，恨不得马上把他亲眼看见的一切上报朝廷，却听说凡是反映真相的人都得了祸，玄宗甚至把上书的人缚送安禄山处置。李白只好跑到燕昭王黄金台遗址上去呼天抢地，大哭了一场："君王啊，你最宠信的人果然是一个窃国大盗！你竟然把偌大一个北海都送给了这条长鲸，让它去兴风作浪，危害苍生社稷！我虽然有射天狼的弓箭，却不敢使用。我虽有报国的计谋，却无处陈说。即使是乐毅再生，也只好各自逃亡了！"

冬天还没有过完，李白就赶快离开了幽州。

幽州之行使李白对唐王朝的政治形势总算有了清醒的认识。朝廷上已是一片昏暗，唐玄宗已是不可救药，大乱即将起来，亡国之祸就在不远。他还指望什么呢？他只有洁身远引，遁迹江湖。

宣州长史李昭算是他的本家，早就对他夸说过宣州的风光，并邀请过他南游。李白便在天宝十二载的秋天，从他妻子宗氏所在的宋城南下宣州。

在南下宣州之际，李白又徘徊留恋，感慨万端。既对国家命运无限忧虑，又对理想落空而抱恨无穷，因而写了《远别离》一诗。《远别离》是伟大诗人理想破灭的悲歌，也是李白唱给即将大乱的唐王朝的挽歌。

在南下途中经过横江渡时，江上的惊涛骇浪触发了诗人心中的愁绪，李白又写了《横江词六首》。《横江词六首》是借长江风波写幽州之行的余悸，写从政失败的悲哀，写祸乱即将来临的政局，以及自己面临这种政局的忧国忧民之情。《横江诗六首》不是单纯描写长江天险的风景诗，而是一组具有重大内容的政治抒情诗。

此后，李白就寄居宣城，纵情山水，表面上似乎很悠闲，内心里却无日不在忧闷痛苦之中。两年以后，果然"安史之乱"就爆发了。

白骨成丘山，苍生竟何罪

——李白在"安史之乱"中

　　天宝十四载的冬天，当唐玄宗和杨贵妃还沉醉在《霓裳羽衣曲》的音乐和舞蹈之中，当朝廷之上还在歌舞升平之际，武装叛乱的战鼓从远方惊天动地传来了。唐玄宗豢养成长起来的一只恶虎开始吃人，而且向他自己扑来了。"安史之乱"开始了。

　　"盛唐"近四十年的和平岁月，全国上下文恬武嬉，不知干戈为何物。而安禄山的叛军却是蓄意准备十年之久的精锐之师，引兵而南，烟尘千里，所到之处，守吏或逃或降，官军望风披靡。不到一个月，安禄山就攻占了东都洛阳。上下惶然，莫知所措。朝廷仓促发兵，高仙芝以五万之众，仅能据守潼关。叛军狼奔豕突，继续西犯，一直攻到潼关，才因暂时不得手，引还洛阳。第二年正月，安禄山就在洛阳登基称帝，国号"大燕"。六月，贼入潼关，玄宗奔蜀，长安沦陷，整个国家在风雨飘摇之中，千万人民在水深火热之中。

战乱初起之时，李白正在金陵。听说玄宗下诏亲征，他感到无比兴奋；随后听说亲征之事没有下文，他又感到无比沮丧；听说官军节节败退，河北河南相继沦陷，他在《猛虎行》一诗中悲愤填膺；听说中原百姓白骨如山，天津桥下血流成河，他又在《扶风豪士歌》中痛心疾首地记下了这场浩劫。到了次年六月，听到叛军已攻破潼关，长安已陷入敌手，玄宗父子已经弃国出奔，李白只好沿江而上，避居庐山屏风叠。途中作《奔亡道中五首》，反映了当时濒于亡国的时局，抒写了广大人民有家难奔，有国难投的悲痛。

李白虽然避居深山，心里却不能安静，白日里徘徊彷徨，黑夜里辗转反侧。他的心常常飞到千里万里以外。他的心飞到中原上空，看见洛阳川里人血涂满了野草，看见洛阳城里一大群豺狼戴着官帽；他的心飞到秦川上空，看见烈火在焚烧着大唐王朝列祖列宗的陵庙，看见安禄山和他的将士们在金銮殿上狂饮高歌；他的心飞到黄河上空，看见两岸的人民像落叶一样飘落在沟沟洼洼，看见白骨像山丘一样到处堆积；他的心飞遍四海，看见全国人民西望长安都皱着眉头，流着眼泪。他不禁发出悲愤的呼号："白骨成丘山，苍生竟何罪？"在深山中的日日夜夜，李白常常为国家的命运辗转不寐，忧心如焚，而无所用其智力。

恰在此时，唐玄宗诏命第十六子永王李璘经营长江流域，一则支援黄河流域的战争，二则准备在黄河流域不可收拾时，尚可保得李唐王朝的半壁河山。李璘便大肆招募将士，积聚物资，用李台卿等人为谋主，用季广琛等人为大将，于唐肃宗至德二载正月，出师东下，趁此机会实现他的野心。看看整个长江流域，都成了李璘的势力范围，这就引起了他哥哥李亨（即肃宗）的猜忌，终于两兄弟之间演成了一场内战。

李白焉知就里，当李璘派人来请他出山时，他以为抗敌救国，建功立业的时机到了，便在永王东巡之际到了幕中。正赶上大出师，他便写了十一首《永王东巡歌》，把李璘歌颂了一番："诸侯不救河南地，更喜贤王远道来"——他以为李璘出师是收复失地来的；"但用东山谢安石，为君谈笑静胡沙"——他以为多年未能实现的"安社稷，济苍生"的理想现在可以实现了。李白到永王幕中不过一个月光景，就发现李璘并非他理想中的"救河南""扫胡尘"的"贤王",因而很快就感到失望。正欲引退,唐王朝统治者之间的内战已经拉开了。内战结果,李璘败亡,李白便成了"附逆作乱"的罪人,下了浔阳监狱。幸遇御史中丞宋若思和江淮宣谕使崔涣等人秉公处理他的案件,将他释放。宋若思还留他在幕中做点文字工作,后又向肃宗推荐,希望给他个一官半职。结果,肃宗不但不用,反而下诏"长流夜郎"!

"白骨成丘山,苍生竟何罪?"在"安史之乱"中,在统治者的内战中,人民有什么罪?李白有什么罪?使天下苍生白骨成山的罪魁祸首,是野心家安禄山、史思明,是昏君唐玄宗,是奸臣李林甫、杨国忠;有罪的还有那些平日高官厚禄,敌人来时望风而降的官吏们和将领们,其中就有那个伙同高力士在唐玄宗和杨贵妃面前屡进谗言,迫害李白的驸马张垍。这个张垍由于模样儿长得漂亮,举止又文雅,说话又乖巧,深受皇帝喜爱,许过他当宰相,但后来没有兑现,他便怀恨在心。"安史之乱"中,他的皇帝丈人向西逃,他便向东奔,跑到洛阳给安禄山当了宰相。李白在《古风》其十九中有"流血涂野草,豺狼尽冠缨"之句,骂的就是卑鄙无耻的张垍之流。然而有罪的多逍遥法外,甚至依然高高在上,无辜的李白反而身陷图圄。世道是多么的不平啊！李白在浔阳监狱中写的血泪交织的申诉书《百忧章》《万愤词》就是他的不平之鸣：

> 邹衍恸哭，燕霜飒来。微诚不感，犹絷夏台。苍鹰搏攫，丹棘崔嵬。豪圣凋枯，王风伤哀。……万愤结缉，忧从中催。金瑟玉壶，尽为愁媒。举酒太息，泣血盈杯。……
>
> （《百忧章》）

> 南冠君子，呼天而啼。恋高堂而掩泣，泪血地而成泥。狱户春而不草，独幽怨而沉迷。兄九江兮弟三峡，悲羽化之难齐。穆陵关北愁爱子，豫章天南隔老妻。一门骨肉散百草，遇难不复相提携。……好我者恤我，不好我者何忍临危而相挤？……苍苍之天，高乎视低。如其听卑，脱我牢狴。……
>
> （《万愤词》）

李白在这一时期不仅为个人遭受冤枉大鸣不平，而且对封建统治者祸国殃民进行了抨击，其中一组重要作品就是《上皇西巡南京歌》。此诗前人多误以为是颂歌，只有明代的唐汝询独具慧眼，在他的《唐诗解》中提出了关于此诗的真知灼见："玄宗弃国出奔，太白乃盛称蜀中之美。西巡果盛事乎？《猗嗟》讥庄而赞其艺，《副笄》刺宣而美其容。太白虽为亡国讳，而亡国之耻，正在言表。"这意思是说，《上皇西巡南京歌》表面上是以唐玄宗西巡为"盛事"，实际上是继承了《诗经》中《猗嗟》《副笄》二诗的讽刺手法，抒发李白对玄宗弃国出奔的义愤。

《猗嗟》是齐国人讽刺鲁庄公的诗。鲁庄公的父亲死后，母亲文姜时时到齐国去和齐襄公幽会。有一次鲁庄公和他母亲一起到齐国去，齐国的人就作了《猗嗟》一诗。诗的表面上对鲁庄公完全是一片赞美之辞，赞美他身躯高大，容貌俊俏，能歌善舞，武艺超群，但是独不赞扬他的品德。言外之意就是说鲁庄公这个人什么都好，唯独缺德，不能使他母亲免于淫乱。

《副笄》即《君子偕老》，是齐国人讽刺齐宣公夫人宣姜的诗。宣姜在齐宣公死后，竟和他的庶子公子顽妍居，因此齐国的人就作了《君子偕老》一诗。诗的表面上对宣姜也是一片赞美之辞，赞美她的头饰如何讲究，衣衫如何漂亮，容貌如何美丽，也是独不赞扬她的品德。言外之意也是讽刺宣姜缺德。

《猗嗟》和《君子偕老》都是讽刺诗，其特点都是以美为刺，寓贬于褒，也就是：反调正唱。李白正是继承了《诗经》的这种传统。

《上皇西巡南京歌》一共十首，它们从各个不同的角度，反复"盛称蜀中之美"，用以表现唐玄宗在这里过得称心如意，可以说是乐不思秦。而此时北际，在巴山蜀水之外，却正是"四海暗胡尘"，正是"白骨成丘山"，正是"烈火焚宗庙"。但在此诗中诗人偏偏不及只言片语。在诗人笔下的唐玄宗，毫无社稷苍生之念，毫无忧国忧民之情，仍然当他的"安乐天子"。这样一来，唐玄宗是个什么样的国君就可想而知了。他只图苟且偷安，把社稷苍生都置诸脑后了。

关于李白入永王璘幕一事，前人多有非议，即使不骂他"附逆"，也嫌他不干不净，至少总觉得他在政治上不高明。

骂李白"附逆"，无非是以李亨为正，以李璘为逆。其实要按封建正统观点来要求的话，李亨这个皇帝本是他自封的，玄宗事后才不得不予以追认；而李璘出镇和东巡倒是奉旨行事。所以他们之间很难说谁正谁逆，"成则为王，败则为寇"罢了。今天来看，李璘固然不是"贤王"，李亨也不是"圣主"，在只顾自己争权夺利和不顾人民死活上，他们本是一丘之貉。李白的悲剧在于为报国之心所驱使，而不幸介入了统治者之间的权位之争。事前既不能像孔巢父等人那样明哲保身，见机而退；事后又没有季广琛等人那样的条件，来一个"拥众归降"。他一介布衣，赤手空拳，只有"只身逃遁"。而"拥众归降"者，便可以"位至节度"；"只身逃遁"者，便"不免窜流"。肃宗可谓"半夜吃桃"，李白可谓"拙于谋身"。如此而已，何罪之有？

至于像高适那样，既能在玄宗奔蜀之际，间道扈从圣驾，因而升为侍御史，又能在内争中坚决站在肃宗一边，因而升为淮南节度使，连升数级，成为唐代诗人中唯一的"达者"，李白就更是望尘莫及了。

但假若李白真能像孔巢父那样，历史上不过多了一个高洁的隐士；假若李白真能像高适那样，历史上不过多了一个精明的达官。而人民却宁愿要一个不那么干净，不那么高明的诗人李白，因为他更接近人民，他更能代表时代。时代和人民将永远把他抱在怀里，抚摸着他的伤痕说："不管怎样，这是我们最亲的儿子。"

夜郎万里道，西上令人老

——李白遭流放

唐肃宗至德二载（757）的冬天，五十七岁的李白从浔阳出发，踏上去夜郎的流放之路。

看吧，他颜色憔悴，形容枯槁；听吧，他悲愤的歌声：

浔阳江头的荻花啊，你多像我苍苍的华发！浔阳江岸的霜叶啊，你多像我流血的伤痕！浔阳江水啊，你好比离人的眼泪！岁暮的凄凉景色啊，你恰似我流放犯的心情！来送行的亲友们啊，我该对你们说些什么好呢？可恨我满腹千言和万语，只有和泪咽；我一腔悲愤和冤屈，只有带血吞。

我的老朋友辛判官：想起我们从前在长安。那时你还是红颜，我也是少年。成天家赋诗饮酒，走马扬鞭。王侯也不放在眼里，忧愁何曾留在心间。以为人生长是如此，哪知道我一生充满了坎坷颠连！

我的年轻的朋友易秀才：感谢你送我宝剑一把，真及得上干将莫邪。只可惜我已不能用它水斩蛟龙，陆断牛马。一个罪该万死的流放犯，谁还用他！你既有志于"风""雅"，我也愿意把经验留下，可是我和你相识不久便要去地角天涯。"空摧芳桂色，不屈古松姿……"且记住我送你的诗句吧！

我的宗十六兄弟：我愧为你们宗家的女婿，我实在对不起令姊对我的一片深情厚意。我一辈子百事无成，空赢得四海虚名。我本来已经无罪释放，不知为何又把我充军？多谢你千里相送，多亏你一路照应。前去已是长江，你也该回去了，我恍惚已听到那三峡中的晓猿声声。我该是如何地想念你和令姊啊，越往西去，相思越深！……①

---

① 李白《流夜郎寄浔阳群官》《流夜郎赠辛判官》《赠易秀才》《留别宗十六璟》等诗综合译意。

一叶扁舟在长江的波涛中逆流而上，诗人李白在人生的风浪中逆流而上。一路上又添了多少白发，一路上又留下了多少诗篇。

但李白究竟是名满天下的诗人，生平又好交朋友，"虽在缧绁之中，非其罪也"，因此所到之处，还是颇受欢迎。"世人皆欲杀"的"世人"其实只是一小撮权贵和势利小人。除了一些开明地方官吏愿意接待他，还有不少崇拜他的读者都沿途挽留他，甚至远道来慰问他。雪里送炭者颇不乏人。李白对这种真挚感人的友情，也以赤诚相见，一一写诗相赠。

在一些权奸佞臣和势利小人面前，李白总是傲视他们，蔑视他们。任你"鼻息吹虹霓"，他总是"白眼看鸡虫"。那股骄傲劲，简直连帝王也没放在眼里，在这些人中间，李白确是"一生傲岸苦不谐"。但是李白在另外一些人中间，却是另外一种情况。这些人就是：

一些开明的中下级官吏，只要为政比较清廉，而又礼贤下士，李白就乐于和他们往来。只要让李白把酒喝痛快，求他留点纪念并不难。别看他只有一支笔，他给你写点东西就可以传之百世。有些"二千石"备上骏马，办起筵席来请他，还得看他高兴哩！酒席筵间只要有他李白，管保你皆大欢喜，逸趣无穷，否则哪怕你满桌山珍海味也不过饱了酒囊饭袋。

再就是一些遭到贬谪的官吏，特别是在罚不当罪的情况下，李白总是要写首诗送他，为他鸣不平，当然也是为自己鸣不平。在《李太白全集》中，要想找一首贺某某"右迁"（升官）的诗，是很困难的；但要找赠某某"左迁"（降职）的诗，却俯拾即是。

再就是一些布衣之士，例如"红颜弃轩冕，白首卧松云"的孟浩然；还没有成名，甚至连进士也未考取的杜甫。李白对前者称"夫子"，待后者如兄弟。还有山东鲁城北郊的范居士，陕西终南山下的斛斯山人，河南梁园的岑征君，湖北江夏的龚处士……李白偏和他们对劲。对他们的山居野处偏觉得比高楼大厦好，对他们的粗茶淡饭偏觉得比山珍海味好。和他们在一起，想喝酒就喝酒，想作诗就作诗，想唱歌就唱歌，想开玩笑就开玩笑。李白旅游宣州泾县时，和泾县桃花潭一个叫汪伦的"村人"交上了朋友。有《赠汪伦》诗一首："李白乘舟将欲行，忽闻岸上踏歌声。桃花潭水深千尺，不及汪伦送我情。"王琦注："踏歌者，连手而歌，踏地以为节也。"可见不仅是汪伦一个人，而是一群老百姓，在村头河岸上合唱着民歌给李白送行呢！

　　再就是劳动人民。李白早年由于出身富裕家庭，个人生活经历也比较简单，满脑子金光闪闪的幻想，还没有看到社会的阴暗面，根本不知民间疾苦为何物，因此和劳动人民无论在生活上和思想感情上都隔得很远。中年以后，由于屡遭挫折，攀上金字塔顶的幻想逐渐破灭，加以阅历越来越丰富，不能不看到一些下层人民的生活，因此和劳动人民的距离逐渐缩小。特别是"安史之乱"前后颠沛流离的生活，使他有更多的机会接近下层。在劳动人民中发现了他早年见所未见，闻所未闻的世界。在这个世界中颇有一些人和事引起了他的兴趣，他的美感，他的同情和感慨，因而先后写了一些直接和劳动人民有关的诗篇。例如《丁都护歌》，写云阳江上拖船的纤夫；《秋浦歌》其十四，写秋浦川里的矿工；《巴女词》《越女词》《采莲曲》等诗，写劳动妇女的生活；《古风》其十四、其三十四等诗，写从军士卒及其家属的生离死别。在反映"安史之乱"的一些诗篇中，诗人更是用笔蘸着血和泪写出"白骨成丘山，苍生竟何罪"等诗句，为人民的疾苦大声疾呼。在《哭宣城善酿纪叟》一诗中，诗人沉痛地悼念一个手工业劳动者，表现了他和劳动人民的深厚友谊。特别值得一读的是《宿五松山下荀媪家》一诗：

> 我宿五松下，寂寥无所欢。
>
> 田家秋作苦，邻女夜舂寒。
>
> 跪进雕胡饭，月光明素盘。
>
> 令人惭漂母，三谢不能餐。

时当"安史之乱"后期，长江以南虽未遭战火，但因战争影响，连年岁荒，再加上朝廷和地方横征暴敛，竭泽而渔，人民也挣扎在饥饿线上。据史载，肃宗上元二年九月，"江淮大饥，人相食"。李白这首小诗就是"江淮大饥"的一个镜头。农家只有用野生植物当饭招待客人，则其困苦可知。而五松山所在的南陵还是比较富饶的地区，其他比较贫瘠的地区则是"人相食"了。就在这样困苦的情况下，人民还是热情地留他食宿，所以李白感动得再三道谢，难受得吃不下去。

当和这样一些人在一起的时候，李白的"傲岸"何在呢？彼此之间有什么"不谐"呢？这时的李白，要多可亲有多可亲，要多可爱有多可爱。所以，当他在流放途中才有那么多朋友和人民群众来接待他，来看望他，来帮助他，这使他在冤屈和痛苦中受到莫大的安慰。

即使在流放途中，李白也不仅仅是为个人的不幸而悲吟，国家的命运仍然时萦心怀。他在《赠江夏韦太守良宰》一诗中，回忆起"安史之乱"的前几年，他在幽州之行中，就已发现安禄山的狼子野心，就已发现祸在眉睫，而且认为祸乱的根本原因在唐玄宗身上："君王弃北海，扫地借长鲸。"但是他有什么办法呢？"心知不得语，却欲栖蓬瀛。"他只有避乱深山；"揽涕黄金台，呼天哭昭王。"他只有到燕昭王拜乐毅为大将的黄金台遗址上去痛哭。在《书怀示息秀才》一诗中，也反映出李白这种忧国忧民之情，而且又一次把矛头指向最高统治者："鲸鲵未翦灭，豺狼屡翻复。悲作楚地囚，何由秦庭哭？遭逢二明主，前后两迁逐。"野心家发动的叛乱还没有平息，卖国贼朝叛夕降还在反复。可恨我身逢两代明主，却两次遭到迁逐。我已是失去自由的罪犯，哪还能学战国时代的申包胥到秦国去搬兵来挽救祖国的危亡！……一个在流放途中的犯人，竟然还是这样热烈地关心着国事，这样大胆地议论着朝政，而且一针见血，切中时弊。李白真算得是一位豪杰！正是：问如此江山，龙蟠虎卧几诗客？看千秋诗史，顶天立地又一人！

唐肃宗乾元二年（759），朝廷因天旱成灾，大赦天下。李白行至奉节遇赦得释，因此未至夜郎，就从流放途中返回。

当听到大赦的消息时，等于是死里逃生的李白是多么地高兴啊！

> 朝辞白帝彩云间，千里江陵一日还。
>
> 两岸猿声啼不住，轻舟已过万重山。
>
> （《早发白帝城》）

他兴冲冲地从奉节赶船东下江陵，他的心像下水船一样轻快。但是，他有什么可高兴的呢？等待着他的只不过是贫病交加的寄人篱下的生活！等待着他的只不过是潦倒不堪的短促的残年！等待着他的不过是幻想最后的破灭！

但是诗人多薄命，就中沦落不过君

——李白之死

　　唐肃宗乾元二年的春天，李白在流放途中遇赦获释，匆匆返至江陵，旋又返至江夏，并在江夏逗留至秋。

　　长安、洛阳两京收复，玄宗、肃宗父子相继返京，使得朝廷上下都以为战乱即将结束，国家中兴在望。李白又产生了东山再起之心。而江陵、江夏当时为南方政治活动中心，江夏太守为李白故人，长史李某为李白族叔，故返至此地，并盘桓半年之久。他在《江夏送倩公归汉东序》一文中写道："今圣朝已舍季布，当征贾生，开颜洗目，一见白日。"他又在《自汉阳病酒归寄王明府》一诗中写道："圣主还听子虚赋，相如却欲论文章。"他以为朝廷既然赦免了他，就会再起用他，甚至可能召他进朝，重又待诏翰林。于是他又到处求人引荐，在《赠江夏韦太守良宰》诗中说："君登凤池去，勿弃贾生才。"在《赠升州王使君》诗中说："应须救赵策，未肯弃侯嬴。"在赠人的《天马歌》中，将自己比作年老的天马，在天色已晚的山道上，还在给人拉盐车，因此希望有人把它赎了去献给天子。在《陈情赠友人》一诗中，将自己比作一个贫穷的妇女，在夜间纺织时，没钱买烛，因此想要比较富裕的邻居，允许她借点灯光。

尽管李白在江夏向这个求情，向那个诉苦，甚至不得不低声下气，降格以求，结果仍是希望落空，甚至反而自取其辱。

沉重的打击又一次落到李白的头上，失望和悲愤简直要使李白发狂了。

黄鹤楼啊，我恨不得把你捣碎！你的窗户为什么刚对着鹦鹉洲的芳草青青？

鹦鹉洲啊，我恨不得把你一足踢翻！你老使我恍惚看见祢衡的冤魂。

魏武帝啊，你多么伟大，多么神圣！祢衡在你眼中不过是蝼蚁之人。但你既然那么伟大，却为什么连一个蝼蚁也不能容忍？

祢衡啊，只怪你心眼儿太少，脑瓜儿不灵。谁叫你拿自己的头颅去碰人家锋利的刀刃？

我一想起这些事，心灵就不能安静，好像山岳在我胸中起伏，好像江河在我血管里奔腾。

"一日须倾三百杯"，已不能消我的愁，解我的闷。"愁来饮酒二千石"，才能暖一暖我冰冷的心。①

于是李白在这年秋天，重游洞庭，游罢洞庭，又至潇湘。虽然所到都是山水佳胜之地，但满腹愁肠的李白却只有触景伤情。甚至洞庭湖中的美丽的君山，竟也使他觉得碍眼，他恨不得铲掉君山，平铺湘水，好让它顺顺当当痛痛快快地流向大海。他恨不得铲尽人间一切不平，好让自己和一切怀才抱艺之士都有一条平坦的路可走，永远结束报国无路的悲剧。

但是李白没有办法结束这个悲剧，甚至看不见希望在哪里，于是他只有又一次决心学道求仙："我本楚狂人，凤歌笑孔丘。手持绿玉杖，朝别黄鹤楼。五岳寻仙不辞远，一生好入名山游。……"他登上了庐山，在山头上，

---

① 《江夏赠韦南陵冰》《望鹦鹉洲怀祢衡》等诗综合译意。

恍惚看见仙人在彩云里，手里拿着莲花向他示意，让他跟着他们一道飞上太空去遨游。——其实这只不过是李白故意用不可能实现的事情，来消耗他的壮心，打发他的余年罢了。

就在这样一种情况下，封建统治阶级和一些势利之徒还放不过他，还在继续迫害他。这从《鸣雁行》一诗可以看出来："客居烟波寄湘吴，凌霜触雪毛体枯。畏逢矰缴惊相呼，闻弦虚坠良可吁。君更弹射何为乎？"显然是借雁自喻：我已经被霜打得羽毛干枯，已经被雪冻得死去活来，已经成了惊弓之鸟，只要听见弓弦一响就掉在地上了。你们还在向我弹射干什么？即使置我于死地，也饱不了你们贪婪的口腹啊！

打击再打击，摧残再摧残，伤痕之上再重伤痕，终于李白得了不治之症——"腐胁疾"。而他这时的经济情况也十分困窘。这可从《醉后赠从甥高镇》一诗看出来："马上相逢揖马鞭，客中相见客中怜。欲邀击筑悲歌饮，正值倾家无酒钱。……"于是他把腰间的宝剑解下来换了酒喝。这还可以从《献从叔当涂宰阳冰》一诗中看出来："小子别金陵，来时白下亭。群凤怜客鸟，差池相哀鸣。各拔五色毛，意重泰山轻。赠微所费广，斗水浇长鲸。弹剑歌苦寒，严风起前楹。……"亲友们虽然都很同情他，都对他有些接济，但毕竟所赠甚微，而他却所费甚广，就像用一斗水浇在一条失水的长鲸身上。

李白最后来到族叔李阳冰所在的当涂县。李阳冰虽然是一个名满天下的书法家，却只是一个小小的七品县令，何况就要退休了，又能留他多久呢？

创痛巨深，贫病交加，最后的幻想也破灭了，寄人篱下也几乎无处可去了，李白陷入了半疯狂状态。

"不见李生久，佯狂真可哀。"（杜甫《不见》）消息已传到西蜀去了，可见李白精神状态不正常已是众所周知的事情了。"佯狂"和疯狂之间本来没有绝对界限，从李白最后的几首诗看来，也确实近乎疯狂：

笑矣乎！笑矣乎！君不见曲如钩，古人知尔封公侯。君不见直如弦，古人知尔死道边。……

笑矣乎！笑矣乎！君不见沧浪老人歌一曲，还道沧浪濯吾足。平生不解谋此身，虚作《离骚》遣人读。

笑矣乎！笑矣乎！赵有豫让楚屈平，卖身买得千年名。巢由洗耳有何益？夷齐饿死终无成。

君爱身后名，我爱眼前酒。饮酒眼前乐，虚名何处有？……

（《笑歌行》）

悲来乎！悲来乎！主人有酒且莫斟，听我一曲悲来吟。悲来不吟还不笑，天下无人知我心。……

悲来乎！悲来乎！天虽长，地虽久，金玉满堂应不守。富贵百年能几何？死生一度人皆有。孤猿坐啼坟上月，且须一尽杯中酒。

悲来乎！悲来乎！凤鸟不至河无图，微子去之箕子奴。汉帝不忆李将军，楚王放却屈大夫。……

（《悲歌行》）

你看他，时而笑，时而哭。这笑，是冷嘲热讽，嘲讽封建社会没有是非曲直，甚至颠倒是非直曲；这哭，是狂歌当哭，为自己，也为古往今来一切受冤屈的人痛哭。李白的悲哀和愤慨可以说是达于极点了。特别是"孤猿坐啼坟上月"等句，又两次提到自沉于汨罗的屈原，使人不能不想到李白可能有了自杀的念头。疯狂和自杀往往是接踵而至的。

关于李白的死，历史上基本上有两种说法。一种是"以疾卒"。此说最早见于李阳冰为李白写的《草堂集序》，以后的碑碣著述多持此说。注家王琦也是主张这种说法的，但他也并不排斥另一种说法，即笔记《唐摭言》中所说的："李白着宫锦袍，游采石江中，傲然自得，旁若无人，因醉入水中捉月而死。"正史对此二说持何态度呢？《旧唐书》和《新唐书》都只简单地提到李白死，而不说李白是怎样死的，既不说是病死，也不说是溺死的。王琦对此有这样的评语："岂古不吊溺（古礼以溺死者不祥，故不吊），故史氏为白讳耶？抑小说多妄而诗人好奇，姑假以发新意耶？"也就是说两者均有可能，既可能是病死的，也可能是溺死的。值得注意的是，李白因醉入水中捉月而死的说法在唐时就已经有了，而且在民间流传极广。

稗官野史就完全不足凭信吗？从李白当时近乎疯狂的精神状态来看，这种情况是可能的：

在仲冬的一个夜里，李白穿上他当年在翰林院中穿过的宫锦袍，乘上一叶小舟，出游采石江中。"纵一苇之所如，凌万顷之茫然。"于是饮酒赋诗，诗曰："大鹏飞兮振八裔，中天摧兮力不济。余风激兮万世，游扶桑兮挂左袂。后人得之传此，仲尼亡兮谁为出涕？"（《临终歌》）我像大鹏啊，要飞上九霄云外。可恨我力量不济，半途跌了下来。天地是多么的狭小啊，我一展翅总是左挂右碍。但是我激起的余风，也要留传万代。孔子已经死了几千载，谁来为我这个生不逢辰的麒麟悲哀？……夜，已深了；人，已醉了；歌，已终了；泪，已尽了；李白的生命也到了最后一刻了。此时，夜月中天，水波不兴，月亮映在江中，好像一轮白玉盘，一阵微风过处，又散作万点银光。多么美丽！多么光明！多么诱人！"我追求了一生的光明，原来在这里！"醉倚在船舷上的李白，伸出了他的双手，向着一片银色的光辉扑去……只听得船夫一声惊呼，诗人已没入万顷波涛。船夫恍惚看见，刚才还邀他喝过三杯的李先生，跨在一条鲸鱼背上随波逐流去了，去远了，永远地去了。

唐代宗宝应元年（762），李白六十二岁，十一月死于当涂。

代宗即位以后，为了收揽人心，任用了一些沦落在野的人才，给李白也封了个小小的左拾遗。但当诏书到达之日，李白坟头上的青草已经长得很高了。

历史啊，你是多么残酷！好像奥林匹斯山上的宙斯对待普罗米修斯，你也总是把伟大的诗人钉在时代的悬岩绝壁上。上有狂风暴雨，下有惊涛骇浪，中间又有饥饿的秃鹫，啄食他的五脏。你让他受尽千般痛苦，万种折磨，难道也是为了惩罚他敢于把火种盗给人间吗？他的充满激情的诗篇，也真像给人类的心灵播下火种一样。

历史啊，你又是多么公正！当李白的诗篇辉映千春，当李白仍然活在人们心里，甚至乡村酒店也飘扬着"太白遗风"的酒帘时，帝王们威武的龙旌虎旗到哪里去了呢？权贵们豪华的紫袍玉带又到哪里去了呢？

地球上多少岁月流逝了，历史上多少王朝消失了，但人民却绵延不绝，因此，和人民同呼吸、共命运的人，也获得了永生。

下编

龙蟠虎踞，继往开来

——李白诗歌的历史地位

当唐王朝的统治阶级把李白逐出朝廷以后，他却在诗歌创作领域内，建立了一个不朽的王朝，开拓了一个伟大的时代。"文必秦汉，诗必盛唐"。"唐诗"的确称得上是泱泱大国，"盛唐"更是诗史上的黄金时代。在这一片国土上，在这样一个时代中，戴着王者冠冕的就不是李隆基，而是李白了。当然，还有杜甫。在政治领域内只能是"天无二日，民无二王"；在文艺领域内，却可以是"双悬日月照乾坤"。不仅照耀一代，而且照耀百代。

在诗歌的国土上，在诗歌的历史上，李白的确算得上雄才大略，励精图治，承前启后，继往开来。

请看这首《古风》：

大雅久不作，吾衰竟谁陈！

王风委蔓草，战国多荆榛。

龙虎相啖食，兵戈逮狂秦。

正声何微茫，哀怨起骚人。

扬马激颓波，开流荡无垠。

废兴虽万变，宪章亦已沦。

自从建安来，绮丽不足珍。

圣代复元古，垂衣贵清真。

群才属休明，乘运共跃鳞。

文质相炳焕，众星罗秋旻。

我志在删述，垂辉映千春。

希圣如有立，绝笔于获麟。

　　这是一篇"古风"，也是一篇诗论。在这里，李白
用诗的形式介绍了中国诗歌的优良传统，发表了他对诗歌
的基本看法，而着重宣布了他在创作上的伟大抱负和壮志
豪情。在这里，他对中国诗史上以《诗经》和《楚辞》
为源头和代表的优良传统，无限崇敬；他对诗歌创作上
"风""雅"消歇，"正声"微茫，"宪章"沦丧的状况
无限感慨；他对"建安"以下的浮靡颓废的诗风大为不

满；他对当代的诗人们给予高度评价；而同时，他当仁不让，毅然把继承古代优良传统，扫除近世浮华习气，"起八代之衰"的重任担在了自己的肩上；并把"垂辉映千春"的理想作为自己的奋斗目标。在另一个地方，李白说得更加直截了当："梁陈以来，艳薄斯极……将复古道，非我而谁！"（孟棨《本事诗》引李白论诗）试看李白在诗歌创作上是何等抱负！何等气概！更难能可贵的是：这不仅是李白的宣言，而且是李白的实践。李白用他毕生的努力，用他的全部心血，甚至用他的生命，实现了他的伟大抱负和光辉思想。

李白所崇敬的"风""骚"究竟是什么？李白所要恢复的"正声"或"古道"究竟是什么？李白继承和发展的诗歌优良传统究竟是什么？且让我们对西周以来至唐代初期的一千八百年的诗歌历史做一番回顾吧。

在遥远的古代，譬如在距离我们已有两三千年的奴隶社会中，人们怎样生活，怎样劳动？他们爱什么，恨什么？想什么，追求什么？他们的生活和思想感情有什么和我们相通之处，有什么还可以激动我们心灵、启发我们智慧的东西？我们从哪里可以知道那个时代，而且活生生地看见那个时代呢？

请读我国最早的一部诗歌总集吧。在这里保存着的是我国从西周到东周前后五百年间的诗歌，共三百零五篇。这部诗歌总集的名字就叫《三百篇》，或者更简单的称呼就叫《诗》。由于它是孔子挑选、加工、编定的，后来被尊为儒家的经典，才叫作《诗经》。

　　《诗经》中大部分是民间歌谣和下层社会的作品，虽然经过搜集者和编选者的加工，基本上还是"饥者歌其食，劳者歌其事"，亦即人民"言"其"志"的产物。它们反映了当时广大人民的生活和思想感情，而且那么真实，那么自然，那么朴素，完全是一片天籁，就像大地上吹过的风一样，因此《诗经》中的民歌就叫"风"。后世有人把凡是带民歌特点的诗歌都叫作"风"，甚至把"风"作为诗歌的同义语，诗人又称"风人"。

　　要想重睹那一个时代人们的生活和思想感情，可以说，没有比这些诗歌更真实、更生动、更传神的了。

　　《诗经》之所以永垂不朽，原因就在这里。我国诗歌的优良传统也是发源于这里。

　　反映现实，而且是以诗歌特有的方式方法反映现实，反映人民的生活和思想感情。从而产生"兴（鼓舞）、观（认识）、群（团结）、怨（讽刺）"的作用。而且能为几百年、几千年以后的人们重现那一个时代，永远给人以美感，给人以启发，给人以力量。这就是我国诗歌的优良传统，这就是前人所说的"风雅比兴"或"风雅遗意"，这也就是李白所说的"正声"或"古道"。

《诗经》基本上是中国北方的民歌。在稍晚一些时期，中国南方的民歌也发展起来。在北方民歌的基础上，孔子进行编选工作而成《诗经》；在南方民歌的基础上，屈原则进行创作而产生了《离骚》《九歌》《九章》等光辉作品。

《离骚》等作品和《诗经》比较，有着显著的不同。《诗经》中的作品固然也反映人民的思想感情，但着重反映的是人民的生活；《离骚》等作品固然也反映人民的生活，但着重反映的是人民的思想感情，而且是通过诗人的鲜明个性反映出来的。要想知道古代人民怎样耕种、怎样放牧、怎样渔猎、怎样恋爱以及怎样进行战争……一句话，古代人民的物质生活世界，那么，《诗经》是最真实不过了。要想知道古代人民怎样幻想、怎样探索、怎样追求……一句话，古代人民的精神世界，那么《离骚》等作品最传神不过了。在艺术上，在给人以美感上，《诗》更质朴、更自然、更天真；《骚》则更绚烂、更强烈、更奔放。《诗》和《骚》的不同特点划分了诗歌创作上的两大巨流，即现实主义和浪漫主义。但它们却同样贯穿着一根巨大的红线，这就是反映现实、反映时代。

屈原的作品，"取镕经意，自铸伟辞"，用不同的创作方法和艺术风格丰富了中国诗歌的优良传统。《诗》和《骚》共同为中国几千年的诗歌创作树立了不朽的典范。

汉代是辞赋的时代。辞赋中的优秀作品，都是由于继承了《诗》和《骚》的优良传统，而获得它们的生命力；离开了这个优良传统，变成辞藻堆砌，辞赋就堕落为人所不齿的"雕虫小技"。

当辞赋离开《诗》和《骚》的优良传统，逐渐丧失其生命力，整个文坛呈现出一片荒凉的时候，一阵强劲的清新的东风吹进这一片土地，顿使荒漠变成绿洲。这就是汉代的乐府民歌。

乐府，本是汉武帝时设置的专管音乐的机构。由于它大量采集民间歌谣进行加工，用来配上音乐，供人们（主要是朝廷）演唱，因而，民歌和带有民歌风味的作品大为流行，于是后世便把民歌和带有民歌风味的并且可供歌唱的作品叫作"乐府"。

汉代与其说是辞赋的时代，不如说是"乐府"的时代。

汉"乐府"之所以在诗史上开辟了一个时代，给汉代文坛以起死回生的力量，也是因为它和《诗》《骚》一脉相承。

汉代末年出现的文学（主要是诗歌）繁荣时期——建安时期，就是汉"乐府"和当时的诗人们结合所生的宁馨儿。以曹氏父子（曹操、曹丕、曹植）为领袖的"建安"诗人们成功的秘密，就在于从《诗》《骚》和汉"乐府"中继承了中国诗歌的优良传统。文学史上艳称的"汉魏风骨"或"建安风骨"就是指此而言。"骨"就是作品的思想内容，"风"就是作品的民歌风味。"风骨"之提倡，就是要求诗歌继承《诗》《骚》和"乐府"的优良传统，学习民歌的兴、比、赋手法和生动活泼的语言，真实地反映现实、反映时代。

"建安"诗人们在学习"乐府"的同时，对它也有所提高。他们加强了诗歌的艺术性，把一个天然动人然而不免蓬头乱服的乡村少女，打扮成服饰华美的绝代佳人。但是这个乡村少女离开了她所生长的大自然，离开了她所热爱的劳动生活，离开了她所熟悉的众乡亲，日子一久，她就憔悴起来。她越憔悴，诗人们越打扮她，最后终于使她完全失去固有的健康和天然的美妙，只剩下满脸脂粉，满头珠翠，满身绮罗，而变得俗不可耐，甚至堕落为秦淮河上的商女，统治阶级手中的玩物了。

这就是"建安"以后的六朝文学的末流，这就是李白所鄙弃的六朝"颓风"，这就是杜甫所批判的梁陈"伪体"。《诗经》《楚辞》和汉魏"乐府"中的作品，给人以健康的美感，使人耳目清新，使人精神奋发；六朝"颓风"和梁陈"伪体"却使人萎靡不振，甚至使人堕落。六朝"颓风"和梁陈"伪体"为后世所诟病，特别为有志气的诗人们所深恶痛绝，归根结底就是因为它们背弃了中国诗歌的优良传统，从而也就远离了现实，远离了人民。

唐代开国之初，笼罩着诗坛的仍然是这种"颓风"，流行在文人中的仍然是这种"伪体"。当时诗坛上的领袖人物，御用文人上官仪、沈佺期、宋之问等人的作品，大部分是娱乐皇帝和贵族们的无聊玩意儿。这些作品风靡一时，好像黎明前浓重的夜气。

谁来驱除这一片夜气？谁来扭转几百年的颓风？谁来继承中国诗歌的优良传统？谁来开创新一代的诗风？——历史在呼唤。

在这一片"颓风"之中，不随流俗，独标一格的王绩，可惜只是暗夜中的一只荒鸡，它的孤独而微小的声音远远打不破黎明前的沉寂。

号称"初唐四杰"的王、杨、卢、骆，用他们的合唱，迎来了朝霞，但毕竟夜气未尽，整个大地仍然是晨光熹微。

"国朝盛文章，子昂始高蹈。"陈子昂、张九龄的出现，像一阵晨风吹过大地。他们的刚健清新的作品扫除着残留的夜气，唤醒了一代诗魂。接着，以描写自然风光著称的王维、孟浩然等人出现了，以描写边塞生活著称的高适、岑参等人出现了，以短小精悍的绝句见长的王昌龄等人出现了，以文质并茂的律诗见长的崔颢等人也出现了……优秀的诗人成批地涌现，清新的诗篇美不胜收。在春天的大地上，群峰竞秀，百川争流；在诗国的苍穹中，繁星丽天，银河横空。"开元之治"开始了，中国诗史上的黄金时代也开始了。

但是，陈子昂、张九龄等人毕竟是"始高蹈"，他们只不过登上了高几十丈的"幽州台"；王维、孟浩然、高适、岑参等人也只是在他们各自熟悉的小天地内举起了旗帜；王昌龄、崔颢等人也只是在他们各自擅长的形式中开出了奇葩。他们的作品虽然也反映了现实，但是只反映了某些侧面；他们的歌声虽然也传达出时代精神，但是毕竟还不够洪大和响亮；他们的创造虽然发出各自的光芒，但还远远不足以照亮整个诗坛。

繁星丽天，怎能没有北斗？百川争流，怎能没有江河？群峰竞秀，怎能没有昆仑？黄金时代，怎能没有巨人？没有巨人怎么能彻底涤荡大地上的污泥浊水？没有巨人怎么能完全驱除几百年的颓风？没有巨人谁能拿起传统的如椽巨笔，反映出黄金时代的真容，传达出广大人民的心声？

韩愈说得好，大自然总是"择其善鸣者而假之鸣"。"其于人也亦然。人声之精者为言，文辞之于言，又其精者也，尤择其善鸣者而假之鸣。"（《送孟东野序》）

马克思说得更好："每一个社会时代都需要自己的伟大人物，如没有这样的人物，它就要创造出这样的人物来。"（《1848年至1850年的法兰西阶级斗争》）

时代好像一位慈爱的母亲，把她丰富的乳汁和多种多样的营养供给她的爱子。

时代又好像一位严峻的父亲，总是让他的爱子们到人生的风雨中去奔波，到历史的长征路上去跋涉，到人类感情的激流中去翻腾，到智慧的深山大泽中去采玉淘金，到艺术的九重之渊中去探取骊龙之珠，最后让他们攀上横空出世的昆仑。

这样，在历史的召唤下，在时代的哺育和造就下，唐代伟大诗人李白、杜甫应运而生。在同时代的诗人中，没有谁的生活经历比他们更丰富，没有谁的眼光比他们更远大，没有谁比他们更敏锐地感觉到时代的召唤，没有谁比他们更自觉、更胜任、更愉快地担起历史所赋予他们的重托，创造性地继承了中国诗歌的优良传统，并开创了通向未来的广阔的道路。

假若没有李白，中唐的李贺是否会以二十七年的短促的生命，取得那样突出的成就？李贺的富于奇特幻想的诗篇，显然是从李白的遗产（特别是乐府歌行部分）中变化发展出来的。

晚唐的杜牧虽然是杜甫的族孙，然而在诗风上却更接近李白，特别是他的许多豪爽清丽的绝句，分明是李白绝句的嫡派子孙。

北宋的苏轼，南宋的陆游，金元的元好问、萨都剌，明代的高启、杨慎，词中的辛弃疾，曲中的关汉卿……这些诗词曲中的豪放派的代表人物或兼有豪放一面的大家，哪一个不曾受过李白的影响？

下至近代的龚自珍、黄遵宪，直到现代的郭沫若、闻一多，在风格上也是和李白遥遥相接。

总而言之，从历代杰出的诗人中，都或多或少可以看到李白的长江黄河似的激情，天马行空的想象，大鹏展翅的气概，清新俊逸的语言，以及使人回肠荡气的旋律。

"故才高者，苑其鸿裁；中巧者，猎其艳辞；吟讽者，衔其山川；童蒙者，拾其香草。其衣被词人，非一代也！"（《文心雕龙·辨骚篇》）刘勰评价屈原的话，李白也可以当之无愧。

"茫茫九派流中国"！而浩浩荡荡的长江又何止九派啊！

学习，发展，创造

李白是在民歌的乳汁哺育之下成长起来的。

前人早已看出李白的诗得力于古"乐府"最多。古"乐府"中最有生命力的部分即"赵代秦楚之讴"，就是南北各地的民间歌谣。汉魏"乐府"中有一部分文人的作品，也是学习民歌的产物。

自从汉代末年"建安时期"以来，在一些诗人中形成了一种良好的风气，就是在他们的创作实践中，都要或多或少地写一些"乐府"诗即民歌体的诗。这好像是诗歌创作的基础课，但许多成功的作品也在其中。

在学习古"乐府"方面，写作数量之多，所下功夫之深，获得成功之大，李白可以说是首屈一指。《李太白全集》约有诗歌千首，"乐府"即占一百五十首。这仅仅是李白沿用"乐府"古题的诗；假若把李白自立新题的"乐府"诗（即带民歌风味的诗）一并计算在内，那比例还要大得多。李白的"乐府"诗不仅数量多，更可贵的是有发展、有创造。虽然"建安"以来，学习"乐府"的颇不乏人，但大都不是失之于太似，就是失之于不似。太似就是刻意模仿，缺乏创造；不似就是只有"乐府"之名而无"乐府"之实。李白的"乐府"则形神兼备，既有鲜明的古"乐府"特色，又有鲜明的时代特色和个人特色。

譬如《远别离》。梁朝诗人江淹有《远别离》，梁简文帝有《生别离》，都是学习民歌的作品。它们的内容如题目，就是描写离情别绪。李白的《远别离》也从此而来，但在内容上和形式上都大大地发展了。

远别离，古有皇、英之二女，乃在洞庭之南，潇湘之浦。海水直下万里深，谁人不言此离苦。日惨惨兮云冥冥，猩猩啼烟兮鬼啸雨。我纵言之将何补，皇穹窃恐不照余之忠诚。雷凭凭兮欲吼怒，尧舜当之亦禅禹。君失臣兮龙为鱼，权归臣兮鼠变虎。或云尧幽囚，舜野死。九疑联绵皆相似，重瞳孤坟竟何是。帝子泣兮绿云间，随风波兮去无还。痛哭兮远望，见苍梧之深山。苍梧山崩湘水绝，竹上之泪乃可灭。

　　此诗作于天宝十二载，幽州之行归来，从河南宋城南下宣城之际。当时唐王朝已是"安史之乱"前夕，李白眼见朝廷昏暗，祸乱将起，而自己又无能为力，只有高举远引，遁迹江湖。但在临行之际，他又不禁徘徊流连，感慨万端。既对国家的命运无限忧虑，又因理想的破灭而抱恨无穷。此情此景，很像屈原和宋玉去国怀乡："闵奇思之不通兮，将去君而高翔。……重无怨而生离兮，中结轸而增伤。"（《九辩》）又像舜与二妃的生离死别："舜南巡，葬于苍梧之野。尧之二女娥皇、女英追之不及，相与恸哭，泪下沾竹，竹上文为之斑斑然。"（《述异记》）于是李白便效屈宋"远游"之意，借舜与二妃的神话传说，以古乐府为题，创为此诗。李白此次南行，从时间上来说，是去朝十年；从路程来说，是千里以远；从思想感情来说，是同他心目中的"盛世"和"明君"诀别。故曰"远别离"。

　　在形式上，诗的开头令人想起汉"乐府"中的《有所思》："有所思，乃在大海南……"；诗的结尾又令人想起汉"乐府"中的《上邪》："上邪，我欲与君相知，长命无绝衰。山无陵，江水为竭，冬雷震震夏雨雪，天地合，乃敢与君绝。"诗的中间则是浓厚的《楚辞》风味。而这几种因素又结合得那么自然、美妙，无论从内容来说，还是从形式来说，李白的《远别离》都大大地超过了古乐府。

又如《战城南》。《战城南》为"乐府"古题，其辞曰：

战城南，死郭北，野死不葬乌可食。为我谓乌，且为客豪。野死谅不葬，腐肉安能去子逃。水深激激，蒲苇冥冥。枭骑战斗死，驽马徘徊鸣。梁筑室，何以南，何以北，禾黍不获君何食？愿为忠臣安可得？思子良臣，良臣诚可思，朝行出攻，暮不夜归。

汉武帝时，连年征伐不休，海内虚耗，士卒死伤相继，人民苦之，遂作此歌。唐玄宗后来也是这样。李白针对当时的现实，根据这篇古"乐府"，发展而成为他自己的"乐府"：

去年战，桑乾源；今年战，葱河道。洗兵条支海上波，放马天山雪中草。万里长征战，三军尽衰老。匈奴以杀人为耕作，古来惟见白骨黄沙田。秦家筑城备胡处，汉家还有烽火燃。烽火燃不熄，征战无已时。野战格斗死，败马号鸣向天悲。乌鸢啄人肠，衔飞上挂枯树枝。士卒涂草莽，将军空尔为。乃知兵者是凶器，圣人不得已而用之！

两诗比较，便可发现：在内容上，李白继承了古"乐府"的反战思想，而又使它更集中、更显豁。即反对的不是一般战争，而是穷兵黩武，征伐无已。古"乐府"最后"思子良臣"数句，不像是民歌原有的思想和语言，很可能是在采集入乐时，经过修改而又修改不当，破坏了整个诗主题思想的统一性。李白则摈弃不用，而改用《六韬》："圣人号兵为凶器，不得已而用之。"这无论在内容上还是在形式上都是一个大胆的改造，从而使这首诗自始至终都贯穿了反对穷兵黩武的主题，而又呈现出纵横驰骋，驱遣百家的风格。

两诗比较，还可以发现：在艺术上，李白汲取了古"乐府"的真实生动的形象，而又使它更突出、更精炼。古"乐府"中的"枭骑战斗死，驽马徘徊鸣"很真实，但过于质朴，李白变化为"野战格斗死，败马号鸣向天悲"，则给人印象更强烈。古"乐府""野死不葬乌可食……"数句，也很动人，但微觉芜杂，李白概括为"乌鸢啄人肠，衔飞上挂枯树枝"，可谓去芜存菁，给人的印象也更鲜明。

在创造性地继承古"乐府"上，《战城南》也是一个卓越的范例。

再如《日出入行》。汉"乐府"郊祀歌《日出入行》，内容是写天命无穷，人命独短，希望成仙而得长生。李白反其意而用之，写成自己的《日出入行》。认为日之出入，终古不息，是大自然的规律；人之生死，也是大自然的规律。"草不谢荣于春风，木不怨落于秋天。谁挥鞭策驱四运？万物兴歇皆自然。"花儿开了，用不着感谢春天；叶儿落了，用不着怨恨秋天。有谁挥起鞭子在驱赶四季呢？没有呵，宇宙万物的发生和消失都是自然而然，不以人的意志为转移的。——这是对物质世界的客观法则的天才的猜测，这是唯物辩证思想的萌芽。这种哲学思想是从老、庄思想中汲取而来的。对于那些追求长生不死的人，李白斥之为"逆道违天，矫诬实多"，也是意在讽刺唐玄宗晚年的荒唐。

李白在继承古"乐府"的基础上，广泛汲取诸子百家思想和语言文字中的有用因素，而形成自己特有的纵横驰骋的风格，这又是一个例子。

再如《杨叛儿》。《杨叛儿》是六朝"乐府"，即南朝齐隆昌年间江南一带的民歌。原诗只有短短二十字：

暂出白门前，杨柳可藏乌。

欢作沉水香，侬作博山炉。

这首民歌的内容是写男女幽会。比喻奇特，感情炽烈而又十分含蓄，是六朝民歌中的绝妙好辞。

李白学它、用它，也是加以发展，使之成为具有自己风格的创作：

君歌《杨叛儿》，妾劝新丰酒。何许最关人？乌啼白门柳。乌啼隐杨花，君醉留妾家。博山炉中沉香火，双烟一气凌紫霞。

经过李白的发展和创造，一块璞玉就变成了一块晶莹的白璧。正如明代诗人杨升庵所说："其《杨叛儿》一

篇，即《暂出白门前》之郑笺也。因其拈用，而古乐府之意益显，其妙益见。"（《杨升庵外集》）

李白的"乐府"诗，主要得力于汉魏"乐府"；李白的绝句，则主要得力于六朝"乐府"，即前人所谓的"小乐府"。南北朝"乐府"中的民歌，几乎都是篇幅短小的抒情诗，多为五言四句，故谓之"小乐府"。例如南朝的《子夜歌》："春林花多媚，春鸟意多哀，春风复多情，吹我罗裳开。"北朝的《折杨柳》："上马不捉鞭，反折杨柳枝，蹀坐吹长笛，愁杀行客儿。"它们就是千千万万美不胜收的唐人绝句的源头。

李白的绝句于"小乐府"，不仅得其形似，而且得其神韵。有一首《大子夜歌》说得好："歌谣数百种，子夜最可怜，慷慨吐清音，明转出天然。""慷慨"就是感情激动的意思。由于感情激动，不能自已，发为歌吟，就必然真实，清新，自然。而感情真实，形象清新，音节自然，这不仅是《子夜歌》的特点，也是一切优秀的民歌的特点。李白的绝句正是如此。

例如《静夜思》：

床前明月光，疑是地上霜。

举头望明月，低头思故乡。

这首小诗以极短小的形式，极浅近的语言，创造了一个鲜明的画面，开辟了一个深远的意境。一千多年来，多少旅人从中获得感情的共鸣；多少游子由此引起丰富的联想。

又如《玉阶怨》：

玉阶生白露，夜久侵罗袜。
却下水晶帘，玲珑望秋月。

短短四句诗，写一个妇女在深秋的夜里独自望月的情景。通篇没有一句藻饰，而形象何等鲜明；通篇没有一个"怨"字，而寂寞之情见于言外。

又如《山中对酌》：

两人对酌山花开，一杯一杯复一杯。
我醉欲眠卿且去，明朝有意抱琴来。

也是短短四句，一个天真直率的性格，一派倜傥不羁的逸兴，便跃然纸上。

再如《宣城见杜鹃花》：

蜀国曾闻子规鸟，宣城还见杜鹃花。

一叫一回肠一断，三春三月忆三巴。

此诗音节之美妙自然，只有民歌中有此天籁。诗人强烈缠绵的乡思，也只有通过这种强烈缠绵的音节，才能充分表达出来。

从以上例子可以看出，李白的绝句，在感情上是"慷慨吐清音"；在音节上是"明转出天然"；在形象上善用白描，几笔勾出一个画面，几句话便创造一个性格；在语言上开门见山，脱口而出，而又言近意远。这些都是民歌的特点。正是由于李白在民歌上下的功夫深，而又能化为自己的血肉，因此他的绝句如清水芙蓉，天然美妙，最为脍炙人口。

李白学习民歌，不仅从书本上学习古代民歌，而且从生活中学习当代民歌。他青年时期旅游三峡，便写了《巴女词》："巴水急如箭，巴船去若飞。十月三千里，郎行几时归？"他到了荆州，便写了《荆州歌》："白帝城边足风波，瞿塘五月谁敢过？荆州麦熟茧成蛾，缫丝忆君头绪多。"他中年旅游吴越，又写了《越女词》："越溪采莲女，见客棹歌回。笑入荷花去，佯羞不出来。"晚年流放途中写的《上三峡》："巫山夹青天，巴水流若兹。巴水忽可尽，青天无到时。三朝上黄牛，三暮行太迟。三朝复三暮，不觉鬓成丝。"也是根据当时的歌谣"朝发黄牛，暮宿黄牛。三朝三暮，黄牛如故"发展而成。可以说，李白一生都在学习民歌，一生都在不断从民歌中汲取丰富的营养，一生都在学习民歌的基础上发展创造。

从以上的一些例子可以看出，李白学习民歌的功夫和方法。唯其功夫深而又得法，因此取得很大成功。李白有名的代表作，无论是长歌或短吟，都是在学习民歌的基础上进行创造的产物。

李白在中国诗歌史上的泰山北斗的地位是和他学习民歌分不开的。

李白创作中成就最大，也最有特点的作品，是"乐府"歌行。他的代表作如《蜀道难》《远别离》《梁甫吟》《将进酒》《梦游天姥吟留别》《宣州谢朓楼饯别校书叔云》《答王十二寒夜独酌有怀》《襄阳歌》《庐山谣》……几乎都是歌行。杜甫《寄李十二白》诗中所谓：

"笔落惊风雨，诗成泣鬼神。"李白的歌行确实可以当之无愧。假若没有这些"惊风雨，泣鬼神"的诗篇，可以说，李白就不成其为李白了。

歌行者："其题或名歌，或名行，或兼名歌行。歌，曲之总名；行，衍其事而歌之曰行。歌最古，行与歌行皆始于汉，唐人因之。"（《唐音癸签》）

翻开汉魏"乐府"，可以看见，歌行是一种比较自由的形式。它可以是四言，可以是五言，可以是七言，还可以是长短句。它可以一韵到底，可以数句一换韵，也可以有少数句子不押韵。"古诗窘于格调，近体束于声律，唯歌行大小短长，错综阖辟，素无定体"。（《诗薮》）看来，歌行就是古代诗歌中的自由体吧？

这种自由体早在《诗经》中就有了。《诗经》虽然基本上都是四言，但也有《溱洧》这样的诗："溱与洧，方涣涣兮；士与女，方秉蕳兮。女曰：观乎？士曰：既徂。且往观乎！洧之外，洵訏且乐。维士与女，伊其相谑，赠之以芍药。"①其他如《扬之水》《狡童》《园有桃》等

---

① 《溱洧》一诗写的是古代青年男女春日郊游谈恋爱的情景。"溱""洧"均系水名；"涣涣"，春日水盛貌；"秉蕳"，手持花草；"洵"同信，果然，实在之意，"訏"，广大貌；"洵訏且乐"，意即真宽广，真好玩。

篇，也不完全是整齐的四言。

《楚辞》的基础是古代南方的民歌。现在保存下来的当时南方的民歌，如《越人歌》："今夕何夕兮，搴洲中流。今日何日兮，得与王子同舟。蒙羞被好兮，不訾诟耻。心几烦而不绝兮，得知王子。山有木兮木有枝，心说君兮君不知。"就是比较参差的长短句，因此《楚辞》在形式上的发展也和民歌有密切关系。

汉魏"乐府"中，这种自由体就更多了，例如《上邪》《有所思》《战城南》等都是。到了《悲歌》《李延年歌》《东门行》《妇病行》《孤儿行》等作品出现，这种自由体便开始有了"歌行"的名字。

　　出东门，不顾归。来入门，怅欲悲。盎中无斗米储，还视架上无悬衣。拔剑东门去，舍中儿母牵衣啼。他家但愿富贵，贱妾与君共铺糜。上用仓浪天故，下当用此黄口儿。今非。咄！行！吾去为迟，白发时下难久居。

（《东门行》）

这就是最初的歌行，这就是古代的自由体。它们和四言体、五言体、七言体一样，都是古代民歌中固有的形式。

这种歌行体，"建安"以来，代有佳作。曹丕的《大墙上蒿行》、陈琳的《饮马长城窟行》、鲍照的《行路难》等作品，便是汉魏"乐府"中歌行体的嫡派子孙。

歌行到了唐代，逐渐盛行起来，成为和古诗、律诗、绝句等并驾齐驱的形式。初唐刘希夷的《白头吟》、张若虚的《春江花月夜》最为有名；初唐"四杰"的歌行也很出色。这些作品，明丽如春花秋月，流畅如行云流水，宛转如莺啼燕鸣，但是失去了最初的刚健朴素的风格和参差自由的形式，离现实生活也越来越远。

李白登上盛唐文坛，才使歌行大放光华。

李白首先把这种诗体从初唐的浮华风气中解放出来，恢复了它的自由，但并没有让它回到它的原始状态，而是使它向前发展。

他从《诗经》取来"言志"的传统和"比兴"手法，使歌行有了空前深广的思想内容，每一首都包含着对现实生活的讽喻，每一首都是"为时而著"，"为事而作"。

他又从《楚辞》取来奔放的激情，取来上天入地的幻想，还取来精彩绝艳的文辞，使歌行出现了空前未有的气势和波澜，每一首都闪烁着奇思遐想的光芒，每一首都喷射着生命的烈焰。

他还从诸子百家取来自由解放的思想和多种多样的知识，打破了一切框框套套，为歌行开拓了广大的领土。包含着深刻教训的历史掌故，闪烁着奇异色彩的神话传说，充满了哲学意味的寓言和富于真知灼见的议论，他都取来用在他的歌行中。

六朝辞赋和诗歌固然有它颓废浮华的一面，必须加以抛弃，但它的美丽多姿的文采和悠扬宛转的音韵，却是有用之物，为什么要一概抛弃呢？于是李白剔除其糟粕，吸取其精华，使来自汉魏"乐府"民歌的歌行，在保持刚健清新的基础上，又增加了动人的色泽和音乐性，因而更富于表现力和吸引力。

这样一来，歌行在句法上就出现了千姿万态的奇观。短，可以短到一个字、两个字、三个字一句；长，可以长到八、九、十字一句，甚至长到十字以上；而且大胆运用散文与诗糅合。例如："噫吁嚱，危乎高哉！蜀道之难难于上青天。"（《蜀道难》）又如："弃我去者，昨日之日不可留；乱我心者，今日之日多烦忧。"（《宣州谢朓楼饯别校书叔云》）又如："我且为君捶碎黄鹤楼，君亦为我倒却鹦鹉洲。"（《江夏赠韦南陵冰》）……但是又都有鲜明的音韵美和节奏感，因此，自由而不散漫，参差而又和谐。

这样一来，歌行在规模上简直是海阔天空的泱泱大国。可以抒情，可以叙事，可以写景，可以咏物，可以发议论，而且常常是又抒又写，夹叙夹议，纵横捭阖，任意驰骋。李白的歌行可以说：非诗、非赋、非文；又可以说：亦诗、亦赋、亦文。虽然从《诗经》《楚辞》汉魏"乐府"中可以找到它的源头，但它却是李白实行诗体大解放的崭新创造。

这样一来，歌行在音韵上更是丰富多彩，变化百出，五音纷繁，洋洋盈耳。

请读这首《长相思》：

长相思，在长安。络纬秋啼金井阑，微霜凄凄簟色寒。孤灯不明思欲绝，卷帷望月空长叹。美人如花隔云端，上有青冥之高天，下有渌水之波澜。天长路远魂飞苦，梦魂不到关山难。长相思，摧心肝！

此类歌行可谓紧锣密鼓，繁弦促节，但由于句法上的参差变化，即使一韵到底而又几乎每句相押，也不觉得它太密，只觉得铿锵嘹亮。此类韵调，多施于短章，使整首诗有一气呵成之妙。

而《蜀道难》中的某些句子："锦城虽云乐，不如早还家。蜀道之难难于上青天！侧身西望长咨嗟。"《战城南》中的某些句子："匈奴以杀人为耕作，古来惟见白骨黄沙田。秦家筑城备胡处，汉家还有烽火燃。"《梦游天姥吟留别》中的某些句子："我欲因之梦吴越，一夜飞度镜湖月。湖月照我影，送我至剡溪。谢公宿处今尚在，渌水荡漾清猿啼。"……这些句子韵脚的距离就拉得较大，音节就比较舒徐。此类韵调，多见于长篇中换韵处，断而不断，遥遥相接，使整个作品显得"疏荡有奇气"。

再读这首《白云歌》：

楚山秦山多白云，白云处处长随君。长随君，君入楚山里，云亦随君渡湘水。湘水上，女萝衣，白云堪卧君早归。

此类歌行音韵，宛转如九曲连环，连绵如"草圣"①一笔书，重叠如春风吹皱一池春水。这种奇妙的音韵也是从古"乐府"发展而来。当时某些民歌在入乐时每两三句常重叠一句半句，以协曲律。有些诗人由此受到启发，便在创作中有意为之。如曹植的《赠白马王彪》中就有这样的句子："感物伤我怀，抚心长太息。太息将何为，天命与我违。""自顾非金石，咄喈令心悲。""心悲动我神，弃置莫复陈。"初唐的歌行中也有这样的例子，如卢照邻的《长安古意》："得成比目何辞死，愿作鸳鸯不羡仙。比目鸳鸯真可羡，双去双来君不见。生憎帐额绣孤鸾，好取门帘帖双燕。双燕双飞绕画梁，罗帏翠被郁金香。"李白正是从前人这些作品中继承了宛转回环的音韵而又把它发挥得淋漓尽致。

为了欣赏李白歌行音韵节奏之美，再举一个例子：

别来几春未还家，玉窗五见樱桃花，况有锦字书，开缄使人嗟。至此肠断彼心绝，云鬟绿鬓罢梳

---

① "草圣"，或指张旭，或指怀素，他们都是古代的著名书法家，尤以狂草著称，常一笔连书十数字不断，如走龙蛇。

结，愁如回飙乱白雪。去年寄书报阳台，今年寄书
重相摧。东风兮东风，为我吹行云使西来。待来竟不
来，落花寂寂委青苔。

（《久别离》）

此诗音节之响亮，花样之繁多，转换之自由，堪称绝
唱。歌行的音乐性，到了李白，可以说，"至矣，尽矣，
蔑以加矣"！

李白之于歌行，好比是韩信将兵。任你千军万马，他
总是指挥若定，驱遣自如。

歌行之于李白，好比是东海龙王的"海底神珍"遇
到了"齐天大圣"。大小由之，长短随意，用起来得心应
手，天下无敌。

歌行体发展到李白，可以说是登峰造极，充分显示出
它的优越性；而李白也就在歌行体中找到了他的浪漫主义
的最好形式，创造出一系列"惊风雨，泣鬼神"的诗篇，
形成他特有的神、奇、横、逸的风格。

李白五十九岁在江南漫游时期，见到一个十一岁的孩
子叫韦渠牟，会写诗，"因授以古乐府之学"（《唐诗纪
事》）。李白究竟给韦渠牟传授了些什么宝贵经验，今天

虽已不可得而知，但从李白的创作实践，我们可以摸索出李白的"乐府之学"的要领就是：以古代和当代的民歌为基础，兼采百家，而又自出新意，自铸伟辞。

胸中激情，笔底波澜，时代潮汐

——李白的浪漫主义创作方法

自中唐诗人元稹始倡李杜优劣之说，遂开尊杜抑李之风。虽然"文起八代之衰"的韩愈当时就不同意，提出："李杜文章在，光焰万丈长。"主张李杜各有千秋，后来历代有真知灼见的评论家也认为李杜各有特点，不当有所轩轾，但终敌不过尊杜抑李的偏见。一千多年来，注杜者号称千家，注李者数家而已。虽然在中国民间，李白是妇孺皆知，但在某些人心中总觉得李白差杜甫一筹，直到现代仍是如此。

尊杜抑李思想之流行，虽然原因非止一端，但其中很大一部分是由于对浪漫主义不理解。

对浪漫主义不理解，早在对屈原作品的评价中就表现出来。此即刘勰在《文心雕龙·辨骚篇》中所说的："四家举以方经，孟坚谓不合传。"这里所说的"四家"，就是汉淮南王刘安、汉宣帝刘询、扬雄、王逸，他们对屈原及其作品是抱肯定态度的；这里所说的"孟坚"，即班固，他对屈原及其作品是抱否定态度的。但无论是肯定还是否定，都是用"五经"做标准。否定屈原及其作品的，公开指责他的浪漫主义是"虚无之语"，"皆非法度之政，经义所载"；肯定屈原及其作品的，却又将它和"五经"强加附会，认为"皆合经术"云云。只有刘勰独具只眼，在高度肯定屈原及其作品的基础上，指出它"虽取镕经意，亦自铸伟辞"。称赞《离骚》等作品是："气往轹古，辞来切今，惊采绝艳，难与并伦。"刘勰可以说是在古代评论家中看到在《诗经》的现实主义之外还别有天地的第一个人。可惜刘勰关于浪漫主义的真知灼见没有得到充分的继承和发展，而前此数家或"举以方经"，或"谓不合传"的理论却相传至今，以致屈原所开创的浪漫主义一派，没有在理论上得到充分的研究。李白创造性地继承"风""骚"的优良传统，又一次"自铸伟辞"，竟又一次遇到同样的命运。

前人固然也不能不看到李白诗歌的独创性，而称之为"仙才"，喻之为"诗中之龙"，不少人用

"神""奇""逸""横"等词来形容他的风格。这些评语虽然都是对李白的赞扬，但却也给人以这样的印象：似乎李白不食人间烟火，似乎李白的诗歌是远离现实的东西。正如《屠纬真文集》所谓："或谓杜万景皆实，李万景皆虚，乃右实而左虚，遂谓李杜优劣在虚实间。"虚实之说继兴，尊杜抑李之风益炽，一些腐儒更是肆意诋毁，竟至谓："白之诗多在风月草木之间，神仙虚无之说，亦何补于教化哉！"（赵次公《杜甫草堂记》）李白不仅在政治上遭受冤屈，在艺术上也遭受冤屈。流风所及，直到现代某些评论家总是把李白归在现实主义之内，好像现实主义才是正统，浪漫主义竟是异端似的！毛主席提出革命现实主义和革命浪漫主义相结合的创作方法以后，浪漫主义和现实主义似乎能平起平坐了，但又遭到"四人帮"的干扰和破坏，浪漫主义竟沦为说大话、吹牛皮的同义语，这一来就比先前更加为人所不屑，甚至为人所不齿了。浪漫主义就是"神仙虚无之说"吗？浪漫主义就是说大话、吹牛皮吗？浪漫主义是远离现实的玩意儿吗？让我们从李白的诗篇看看浪漫主义究竟是怎么一回事吧。

唐代自"贞观之治"至"开元之治"，在长达百余年的时期内，采取了比较开明的政策，造成了经济上和文化上的大繁荣。特别是学术上的自由空气和中外文化的交流，使知识分子眼界大开，思想空前活跃。因此人才辈出，极一时之盛。当时的知识分子，一部分出身豪门贵族的纨绔子弟，由于依仗父兄势力，不求进取，因而大多不学无术，无所作为；劳动人民出身的知识分子毕竟很少；出身中小地主和工商业主家庭的知识分子，人数既多，又富于进取精神，在朝廷"广开才路"的政策鼓励之下，他们眼前出现了"大道如青天"的远景，于是建功立业的理想，布衣卿相的欲望，在一代知识分子的心头，随着盛唐的年历，像春草般滋长起来。当时的人才许多都出身于这个阶层，李白就是他们中的最突出的代表。他在"读万卷书"的过程中，接受了"济苍生，安社稷"的远大理想，又在"行万里路"的过程中，广泛地接触了社会生活。他的抱负最大、才气最大，也最富于进取精神。在盛唐一代知识分子万马奔腾的队伍中，他一马当先，全身都沐浴着"盛唐"的光辉。

但是，"贞观之治"也好，"开元之治"也好，毕竟是封建社会的"盛世"，它有它金碧辉煌的一面，也有它阴暗腐朽的一面。对人民实行让步，采取一些开明措施，归根结底是为了巩固封建王朝的统治。当统治阶级感到完全可以高枕无忧的时候，便变得放肆起来，让步转为反攻，开明成为虚文，它的金碧辉煌的一面便日渐褪色，而阴暗腐朽的一面便日渐扩大了。从光明转向阴暗，从兴盛转向衰落，从高峰转向幽谷，从开元到天宝年间正是这样一个转折时期。李白正处在这样一个转折点上，而且首当其冲，"盛唐"的阴影也就首先落到他身上。

李白青年时代创作的，后来又经过修改的《大鹏赋》，最足以代表唐代知识分子在"开元之治"中的精神状态。

大鹏的形象是从《庄子·逍遥游》中借来的，但是李白把它大大地发展了。

北海中的巨鲲，随着大海的春流，迎着初升的朝阳，化成了大鹏，飞起在空中。它一开始鼓动翅膀，便使"五岳为之震荡，百川为之崩奔"。接着它便在广阔的宇宙中翱翔，时而飞在九天之上，时而潜入九渊之下，那更是"簸鸿蒙，扇雷霆，斗转而天动，山摇而海倾"。只见它"足系虹霓，目耀日月"；只见它"喷气则六合生云，洒毛则千里飞雪"。它一会儿飞向北荒，一会儿又折向南极。烛龙为它照明，霹雳为它开路。三山五岳在它眼中只是一些小小的土块，五湖四海在它眼中只是几个小小的酒

143

杯。古代神话中善钓鱼的任公子，曾经钓过一条大鱼让全国的人吃了一年，见了它也只好束手。古代神话中善射的后羿曾经射落过九个太阳，见了它也不敢弯弓。他们都只有放下钓竿和弓箭望空惊叹。甚至开天辟地的盘古打开天门一看，也目瞪口呆；日神羲和也只有靠着太阳叹气；至于海神、水伯、巨鳌、长鲸之类，更是纷纷逃避，连看也不敢看了……

大鹏的形象不知被多少人写过，但从来没有人写得像李白这样壮观，这样煊赫，这样惊心动魄，这样无敌于天下。

《大鹏赋》的内容好像真是"神仙虚无之说"，但李唐王朝的赫赫声威和"开元之治"的蓬勃气象，以及在这样的历史条件下一代知识分子思想解放，意气风发的精神状态，不是从这里表现得淋漓尽致吗？

大鹏的形象多次出现在李白的作品中，最后一次是在李白的《临终歌》中出现："大鹏飞兮振八裔，中天摧兮力不济。余风激兮万世，游扶桑兮挂左袂。后人得之传此，仲尼亡兮谁为出涕！"大鹏终于因为宇宙太狭小了，翅膀被撞折了，从空中坠落下来。但是它相信它激起的余风还可以传之千秋万代。

144

大鹏的形象，和李白的生命相终始，也和"盛唐"的国运相终始。大鹏展翅，诗人崛起，国运兴隆；大鹏摧折，诗人绝命，国运中衰——它们之间的关系，岂是偶然？自然，李白本人不一定能意识到。但这种形象，这种感兴，却是在时代精神的感染和启示下产生的。

　　李白的《天马歌》也可以作如是观。

　　　　天马来出月支窟，背为虎文龙翼骨。嘶青云，振绿发，兰筋权奇走灭没。腾昆仑，历西极，四足无一蹶。鸡鸣刷燕晡秣越，神行电迈蹑恍惚。

全诗共三段，这是第一段，写天马的雄姿和健步。第二段："天马呼，飞龙趋……"写天马呼啸奔跑的情景：眼睛像长庚一样明亮，尾巴像流星掠过空中，口喷红光，汗出如血。你看它"骁跃惊矫浮云翻"，你看它"逸气棱棱凌九区"。古代有名的千里马"紫燕"比起它来也望尘莫及呢！最后一段，天马老了，就被弃而不用了，竟沦为拉盐车的牲口，天色已晚，还在险峻的山道上挣扎。"严霜五月凋桂枝，伏枥含冤摧双眉。请君赎献穆天子，犹可弄影舞瑶池。"最后竟弄到这步田地，想进马戏班子也求之不得了！

　　天马的遭遇恰似李白的遭遇。"盛唐"社会的光明面把他带到万里长空，使他"嘶青云，振绿发"，使他"腾昆仑，历西极"，使他梦想着和飞龙一起"跃天衢""凌九区"；"盛唐"社会的阴暗面却又使他从九霄云中跌落到地面上，成为悲剧。

　　大鹏展翅终于中天摧折的形象，天马行空终于沦为役畜的形象，恰好反映了"盛唐"的光明面和阴暗面，反映了一个时代由盛而衰的转折。由此可见，李白充满了豪情逸兴又充满了愤懑悲哀的诗歌，正是那个时代的社会矛盾的产物。

　　光明与阴暗交错，豪情和牢骚齐发，希望与失望联翩而至，悲观和乐观如影随形，时代激起的错综复杂的思想感情，在李白的作品中形成五音纷繁的交响。

　　譬如《梁甫吟》：

　　"长啸梁甫吟，何时见阳春？"——正在天寒地冻之中发出悲愤的呼唤，却突然又是："君不见，朝歌屠叟辞棘津，八十西来钓渭滨……"——想起了周代的姜子牙遇文王。"大贤虎变愚不测，当年颇似寻常人。"——于是又感到自己还大有希望；"君不见，高阳酒徒起草中，

146

长揖山东隆准公……"——还想起了汉代的郦食其遇汉高祖。"狂徒落魄尚如此,何况壮士当群雄。"——于是又觉得事情还大有可为。因此,"我欲攀龙见明主",但是天门不开,"以额叩关阍者怒",头碰破了也进不去,于是又大发牢骚。正在不胜愤慨之际,却突然又想起:"张公两龙剑,神物合有时。"——大概是时机未到吧?最后又自己安慰自己:"风云感会起屠钓,大人兀屼当安之。"——只要时机到了,我也会像姜子牙、郦食其等古人一样,终有实现理想,施展才能的一天,还是少安毋躁吧!

譬如《将进酒》:

"君不见,黄河之水天上来,奔流到海不复回……"——豪情之中分明透露着悲哀,但是:"天生我才必有用,千金散尽还复来。烹羊宰牛且为乐,会须一饮三百杯。"——于是又乐观起来,而且痛饮一番。正在高兴之际,却又说出这样颓唐的话来:"钟鼓馔玉不足贵,但愿长醉不用醒。"但是希望还没有最后破灭,犹有豪情依旧:"五花马,千金裘,呼儿将出换美酒,与尔同销万古愁。"暂且借酒浇愁吧!

这些诗歌真像是:"兵家之阵,方以为正,又复为奇；方以为奇，忽复是正。奇正出入，变化不可纪极。"（范德机《诗评》）前人仅以为这是艺术手法高妙使然，殊不知这些变幻莫测的"诗法"，正是那个充满了矛盾的转折时期的传神之笔。

《梁甫吟》《将进酒》的创作时间，都在"开元"年间，"盛唐"的光辉还掩盖着它的阴影，李白在人生的道路上也才初受挫折，对这个封建社会的"盛世"依然抱有很大希望。因此这些诗歌的调子，在悲愤之中还跳跃着乐观的音符，在牢骚之外也颇有些旷达的笔墨。

到了天宝年间，"盛唐"的光辉愈来愈黯淡，它的阴影也愈来愈浓厚，李白遭受的打击也愈来愈沉重，因此这一时期创作的诗篇中，悲愤的情绪也就强烈得多。

《答王十二寒夜独酌有怀》便是一篇用一代知识分子和人民的血泪写成的檄文。当我们读到"君不见李北海，英风豪气今何在？君不见裴尚书，土坟三尺蒿棘居！少年早欲五湖去，见此弥将钟鼎疏……"这些诗句时，我们看见李白的悲愤和牢骚已经不仅是为了个人的不遇，更是为千千万万人鸣不平。这时的"盛唐"也就到了"朱门酒肉臭，路有冻死骨"的阶段，到了大动乱的前夕了。

到了《笑矣乎》《悲来乎》等作品出现，诗人的悲愤已达于极点，甚至近乎疯狂。这时，李白的生命已经日薄西山，"盛唐"时代也就一去不复返了。

我们虽然没有一部李白的编年诗集，但随着李白诗中的激情的波涛，仍可以看到时代的足印，可以看到历史的轨迹。

然则《蜀道难》和《梦游天姥吟留别》又作何解释呢？这两首浪漫主义的名作，不就是远离现实的山水诗吗？

《蜀道难》一诗，前人做过种种揣测，或谓影射严武，或谓影射章仇兼琼，或谓讽谏玄宗幸蜀。当这些说法都不能成立时，只好说是："太白蜀人，自为蜀咏，言其险，更著其戒。"然则《蜀道难》就是咏蜀道之难，别无他意了？那何以此诗能有"惊天地，泣鬼神"的力量？何以使人在千载之下读起来还为之而叹息，为之而唏嘘，为之而激动，而一般模山范水之作却没有这种力量？

我们知道，李白一生漫游不息。他到过大江南北，黄河上下，几乎遍览了中国的名山大川。但他还不满足，还要找"海客谈瀛洲"，还要听"越人语天姥"，还要他旅游赤壁的朋友"一一书来报故人"。他只要在家停个一年半载，就会感到："仆出室坐愁，亦已久矣！每思欲遐登蓬莱，极目四海，手弄白日，顶摩苍穹。"他究竟为什么？他是为了"我欲因之梦吴越"，为了"我欲因之壮心魄"，为了"挥斥幽愤"。就是说，时代在他心中激起的种种思想感情，使他不能安静，总想借什么相当的东西把它们抒发出来。有时借大鹏，有时借天马，有时借历史人物，有时借酒，甚至有时借神仙。大自然的千姿万态，鬼斧神工，更是他最能借以驰骋幻想，抒发激情的好手段。

这种例子在中外古今浪漫主义诗人中屡见不鲜，如拜伦借叛逆的该隐，雪莱借不羁的西风，郭沫若借死而复生的凤凰……都是借这些东西抒发时代在他们心中引起的激情。

李白所写的蜀道，是北起宝鸡，南至剑阁的古栈道。这条蜀道，李白北面只登过太白峰，南面只到过剑门关，并未从头到尾走过一遍，其艰险之状主要是听人讲的："见说蚕丛路，崎岖不易行。"（《送友人入蜀》）李白写《梦游天姥吟留别》时也未到过越州的天姥山，也是听"越人"讲的："越人语天姥，云霞明灭或可睹。"但是，他虽然没有到过这些地方，却到过不少名山大川，而且他有丰富的想象力，更重要的是他心中有着燃烧的时代激情。别人的讲述，好像化学上的触媒剂。当激情正在寻找着形体，自然景象正在期待着灵魂，只要一点点触媒剂，两种元素便化合为艺术形象，化合为诗篇。可见《蜀道难》和《梦游天姥吟留别》不是写生画，而是写意画；不是纪行诗，而是述怀诗。

写什么意，述什么怀呢？

根据李白研究的新成果——两入长安说，李白在开元中期，他本人三十岁前后，为了寻求政治出路，为了实现他"济苍生，安社稷"的理想，不仅"遍干诸侯"，而且"历抵卿相"，跑到长安去，奔走于王公大人之门，结果却是到处碰钉子，受冷遇，甚至遭侮辱。此后几年在他的创作中就出现了一个高潮。《行路难》就是这个高潮的前奏，《蜀道难》就是这个高潮的洪峰。在这几年中间，李白经历了第一次在政治上的失败，第一次从他年轻的梦幻中醒来，在金碧辉煌的社会背后看到了它的另一面。原来在他眼前一直伸向天边的大道，才是一条崎岖难行的畏途。他写下了《行路难》等诗，似乎还不足以充分表现第一次失败给他留下的惊愕和愤懑。于是在某一次送别友人入蜀时，谈到蜀道艰险之状，又触发了他的诗兴。几年来蓄积在心头的思想感情，像地层深处的岩浆，找到了喷火口："噫吁嚱！危乎高哉！蜀道之难难于上青天……"遂一发而不可遏，熔岩般的激情喷薄而出，如波涛夜惊，风雨骤至："上有六龙回日之高标，下有冲波逆折之回川。黄鹤之飞尚不得过，猿猱欲度愁攀援。青泥何盘盘，百步九折萦岩峦。扪参历井仰胁息，以手抚膺坐长叹。问君西游何时还，畏途巉岩不可攀。但见悲鸟号古木，雄飞雌从绕林间。又闻子规啼夜月，愁空山。蜀道之难难于上青天！使人听此凋朱颜……"——他不知是在写蜀道，还是在写人生；他既是在写蜀道，又是在写人生。他不知是在劝告别人，还是在劝告自己；他既是劝告别人，也是在劝告自己："行路难，归去来！""行路难"——这是在李白这一时期诗中反复出现的旋律，不过有时是在曲中，有时是在弦外罢了。

唐玄宗在"安史之乱"中逃到成都，走的也是这条蜀道，但在《上皇西巡南京歌》中，李白却写道："谁道君王行路难？六龙西幸万人欢。地转锦江成渭水，天回玉垒作长安。"（其四）艰险万状的蜀道，竟变成了平野千里的秦川，甚至比秦川还平坦还宽广哩！因为这是写唐玄宗心目中的蜀道，反映的是皇帝老倌逃命时的心情。可见，"百步九折"的"畏途巉岩"，"难于上青天"的蜀道，是李白的人生之路；"朝避猛虎，夕避长蛇"的旅人，正是跋涉在蜀道般艰险的人生之路上的诗人。蜀道上的种种可惊、可愕、可怪、可骇之状，正是李白在第一次幻灭中感到的惊、愕、怪、骇等思想感情的化身。这些思想感情在峥嵘崔嵬的蜀道山水中找到了它们最适当的形象。

《梦游天姥吟留别》和《蜀道难》一样，多少年来也是"诸解纷纷""殆若聚讼"，多以为是虚无缥缈之作；直至现代，还有人认为此诗表现的是"一种消极的人生观"。实际上，《梦游天姥吟留别》和《蜀道难》一样，也是现实的反映，而且具有重大意义。

《梦游天姥吟留别》一作《别东鲁诸公》，是李白第二次入长安，终遭谗逐，回到山东，不久又将离开东鲁南下吴越时所作。时在天宝五载。同年李白行至扬州时，又有《别广陵诸公》一诗。在这首诗里，李白诉说了他第二次入长安的遭遇，抒发了他心中的愤懑，中有"中回明主顾，挥翰凌云烟。骑虎不敢下，攀龙忽堕天"等句。和《梦游天姥吟留别》联系起来看，就可知李白并非"追求"什么"神仙世界"，而是在写他"攀龙堕天"的经历，写他被谗去朝的心情。

正如陈沆《诗比兴笺》中所说："盖此篇即屈子《远游》之旨，亦即太白《梁甫吟》'我欲攀龙见明主，雷公砰訇震天鼓，帝旁投壶多玉女。三时大笑开电光，倏烁晦冥起风雨。阊阖九门不可通，以额叩关阍者怒'之旨也。太白被放以后，回首蓬莱宫殿，有若梦游，故托天姥以寄意。首言仙术难必，遇主或易，故'我欲因之梦吴越，一夜飞度镜湖月'，言欲乘风而至君门也；'身登青云梯，半壁见海日'以下，言金銮召见，置身云霄，醉草殿廷，侍从亲近也；'忽魂悸以魄动'以下，言一旦被放，君门万里，故云：'惟觉时之枕席，失向来之烟霞'也；'安能摧眉折腰事权贵'云云，所谓'平生不识高将军，手污吾足乃敢嗔'也。……"此段笺释，可谓深得《梦游天姥吟留别》之秘旨。

由此可见，李白的山水诗，甚至游仙诗，也是现实的反映，只不过反映的方式方法是浪漫主义的。

从李白这些代表作中可以看出，他为我们展现的是人的感情世界。感情之为物也，有如风。风是无形的，因此画家总是借堤柳飘摇、木叶纷飞、衣带披拂、江河波涌来写风。感情也是无形的，因此诗人总是要借种种相应的事物才能把它表达出来。尤其是当感情特别强烈的时候，就只有借一些不寻常的事物，才能把它充分表达出来。李白之写大鹏、写天马、写侠客、写神仙、写奇山异水……一言以蔽之，写种种不寻常的事物，就是为了表达他心中的激情。只有借这些可惊可愕的事物，才能使胸中的激情找到与之相适应的形象，转化为可歌可泣的诗篇。即使是普通事物也总是用夸张手法写得不同一般，例如"白发三千丈""燕山雪花大如席"等。其所以如此，就是他写"白发三千丈"，其目的不是在写头发本身，而是借"三千丈"的"白发"，写他胸中的愁绪，不如此就不足以表现他愁绪之多。他写"燕山雪花大如席"，其目的也不在写雪花本身，而是借"大如席"的"雪花"形容北地的苦寒，以表示他对戍边士卒及其家属的同情，不如此就不足以表示他的同情之深。因此他"语用兵，则登先陷阵，不以为难；语游侠，则白昼杀人，不以为非"（《苏栾城集》）。李白诗中这些地方确是不能以"形似"求之，不能以寻常"义理"责之。我们读起来，只觉得慷慨激昂，痛快淋漓，思想感情上得到一次大自由，大解放，感到从来未有的酣畅与满足，这就得了。"筌者所以在鱼，得鱼而忘筌；言者所以在意，得意而忘言。"（《庄子》）读李白诗，当用此法。

我们再将杜甫的诗和李白的诗比较而观。杜甫的《忆昔》一诗，反映的也是唐代由盛而衰的转折：

忆昔开元全盛日，小邑犹藏万家室。

稻米流脂粟米白，公私仓廪俱丰实。

九州道路无豺虎，远行不劳吉日出。

齐纨鲁缟车班班，男耕女桑不相失。

宫中圣人奏云门，天下朋友皆胶漆。

百余年间未灾变，叔孙礼乐萧何律。

岂闻一绢值万钱，有田种谷今流血。

洛阳宫殿烧焚尽，宗庙新除狐兔穴。

伤心不忍问耆旧，复恐初从乱离说。

小臣鲁钝无所能，朝廷记识蒙禄秩。

周宣中兴望我皇，洒血江汉身衰疾。

诗的前半段写的是"开元之治"的全盛时期；诗的后半段写的是"安史之乱"以后。整个诗清清楚楚，明明白白，朴朴素素，真真实实，反映出"盛唐"前后数十年的社会现实，大繁荣和大衰败的景象都历历在目。诗中也倾注了诗人的感情，特别是"伤心不忍问耆旧，复恐初从乱离说"等处写得相当沉痛，令人不忍卒读，确实不愧是"诗史"笔墨。

从李白和杜甫同一内容的作品比较研究，便可发现，他们一则着重描写客观的社会生活，一则着重抒发作者的主观的思想感情（即使描写某些客观事物也是借以使主观的思想感情形象化）。前者就是现实主义的主要特点，后者则是浪漫主义的主要特点。

浪漫主义虽然着重抒发的是作者主观的思想感情，但当诗人经历了丰富的人生，心头汹涌着的恰是时代的波澜，血管里跳动着的恰是时代的脉搏，那么我们有什么理由责备他没有反映现实，没有反映时代呢？他完全可以理直气壮地说："我，就是现实的骨血。我，就是时代的嫡子。我虽然没有带给你们我父母的肖像画，请看我的容颜，听我的声音吧！当我向你们敞开我的心灵时，生育我的那个时代也就复活在你们的面前了。"

李白的浪漫主义和杜甫的现实主义，对我们有同样的价值，不仅有同样高的艺术价值，也有同样高的认识价值，而它们的认识价值正体现在各自不同的独特的艺术价值之中。

浪漫主义作为一种文艺思潮，是欧洲十八世纪末至十九世纪初的社会产物。但作为创作方法，它却是和文学艺术同时产生的。它们一样源远流长，它们一样并峙千秋。《诗经》和《楚辞》只有异同可较，没有高下可分。李白的浪漫主义和杜甫的现实主义亦是如此。

兴怀于黍离，假助于江山

——李白诗歌中的比兴手法

　　"诗言志"（《尚书·尧典》）是中国诗歌的开山纲领。"志者，心之所之也。在心为志，发言为诗。情动于中，而形于言，言之不足，故嗟叹之；嗟叹之不足，故咏歌之……"（《诗·大序》）可以看出，所谓"志"，所谓"心之所之"，主要是指感情。

　　"诗缘情"（《文赋》），陆机这个说法可以看作"诗言志"的补充。这一来就更明确了诗的抒情特点。

　　"人禀七情，应物斯感；感物吟志，莫非自然。"（《文心雕龙·明诗篇》）刘勰提出的"感物吟志"说，进一步明确了"志"与"物"的关系，明确了主观世界与客观世界的关系，明确了言志咏怀与反映现实的关系。

　　"诗言志"这一纲领，既包括了诗歌的抒情性这一根本特点，又立足于唯物主义基础，便成为中国诗歌的指导思想和优良传统，历数千年而不朽。

和"诗言志"密切有关的是"赋、比、兴"。如果说"诗言志"是纲领，"赋、比、兴"就是方法。

关于"赋、比、兴"，虽然众说纷纭，令人望而生畏，但只要还它们本来面目，其实是人人能懂，而且人人会用的。

试以民歌为例。"月儿弯弯照高楼，高楼本是穷人修；寒冬腊月北风起，富人欢乐穷人愁。"这就是"兴"；"头上三星一颗明，两颗不明是咱二人。"这就是"比"；"三十里的沙二十里的水，五十里路上瞧妹妹……"这就是"赋"。

试以《诗经》为例，"关关雎鸠，在河之洲；窈窕淑女，君子好逑"（《关雎》），这就是"兴"；"硕鼠硕鼠，无食我黍。三岁贯女，莫我肯顾。逝将去女，适彼乐土。乐土乐土，爰得我所"（《硕鼠》），这就是"比"；"昔我往矣，杨柳依依；今我来思，雨雪霏霏。行道迟迟，载渴载饥。我心伤悲，莫知我哀"（《采薇》），这就是"赋"。

从以上的例子，我们可以看出："兴"就是借以发端；"比"就是以此喻彼；"赋"就是直抒胸臆，或铺陈其事。这就是我们从诗歌创作实践中看到的"赋、比、兴"的本来面目。

这些诗歌的作者都并不知道什么叫"赋、比、兴"，但他们都能熟练而巧妙地运用"赋、比、兴"，可见毫无神秘之处。其所以如此，是因为"赋、比、兴"不是来源于先圣先贤们的心灵的创造，而是来源于广大人民群众的创作实践。不是先有"赋、比、兴"的概念，然后人们据以写诗作歌，而是先有大量的体现出这三种手法的诗歌，然后人们才得出"赋、比、兴"的概念。因此，作者即使不懂得什么叫"赋、比、兴"，但吟咏之际总不外乎这三种手法。

这三种手法中，特别是"比兴"手法对于诗歌创作有着重要意义。在古代诗歌创作中，"比兴"最为常见，而且"赋"的运用也离不开"比兴"，往往兼有"比兴"。因为诗歌的产生，总是由于人们在现实生活中对外界事物有所感触，于是"浮想联翩"，由此及彼，由表及里，由小及大，由近及远，从而借以表现出"心之所之"来。古代的农奴看见老鼠糟踏庄稼，便联想到奴隶主的剥削，而希望有一个能够安生的"乐土"，这样便有了《硕鼠》一诗，而《硕鼠》便成了"比"。劳动人民看见月亮出来照着财主家的高楼，便联想到高楼大厦本是穷人修建，而穷人反而无处栖身，饥寒交迫，于是发出不平之鸣，这样便有了《月儿弯弯照高楼》，而《月儿弯弯照高楼》便成了"兴"。由此可知，在"联翩"的"浮想"中，凡彼此相似，便形成"比"；凡前后相因，便形成"兴"。"比兴"之起，实出于自然。因此可以说，"比兴"乃是形象思维之自然规律。大概正是因为这样，毛主席在《给陈毅同志谈诗的一封信》中谈到形象思维时，紧接着就说："比、兴二法是不能不用的。"

屈原的《离骚》，由于直抒胸臆和铺陈其事的特点，成为辞赋之祖。但其中许多地方，以芳草喻君子，以美人喻贤王，以古代喻当朝，以天上喻人间，固亦不离乎"比"。至于"朝发苍梧""夕至县圃"，使日神驾车，命月神开路，虽然飞上了天空，却叫不开天国的大门；于是又令雷神驾云，请鸠鸟为媒，去向古代的女神求婚，结果也未能成功；于是又问卜于灵氛，乞灵于巫咸；在他们劝告之下又驾八龙，载云旗，登昆仑，涉流沙，向着遥远的西海出发；正在飞升之际，却回头望见了下界的故乡，终于徘徊而不能去……这些上天入地的幻想，无非是诗人借以发端，用来表现自己为了追求理想而上下求索的苦心，用来寄托自己一片忧国忧民的怀抱。这些幻想也是感物而发，由此及彼，仍不离乎"兴"。不过所感之物已不是一声鸟叫（如《关雎》），一阵鹿鸣（如《鹿鸣》），一带芦苇（如《蒹葭》），一片庄稼（如《黍离》）……这些比较简单的自然景物，而是政治黑暗的社会现实，从而引起的联想也就复杂得多，曲折得多了。正因为《离骚》中，"赋、比、兴"兼而有之，所以王逸认为屈原是"依诗人之义而作离骚"。"诗人之义"者，"言志"和"赋、比、兴"之义也。司马迁在《史记·屈原贾生列传》中所说的"其称文小而其所指极大，举类迩而见义远"，更着重指出了《离骚》的"比兴"特点。因此可以说，《离骚》既是辞赋的始祖，又是"比兴"的楷模。

《离骚》对"比兴"的运用，不仅是《诗经》中这两种手法的简单继承，而且是创造性的发展，使"比兴"从它的朴素状态发展到它的高级状态。假如说，"比兴"的朴素状态只不过是感物而发，由此及彼，那么它的高级状态则是兴寄深远，意在言外。前者是自发的联想，后者则是有意的寄托。前者是"比兴"的天籁，后者则是"比兴"的高峰。

《诗经》和《离骚》所创始的"比兴言志"的传统，为几千年来的诗歌创作反映现实开辟了重要途径，为许多诗人提供了辉映千春的秘诀，为我们伟大祖国的艺术宝库创造了一系列"状难写之景如在目前，含不尽之意见于言外"的优秀诗篇。

　　读诗不可不知"比兴言志"之义，读李白诗尤其不可不知"比兴言志"之义。

　　清人陈沆的《诗比兴笺》，专门选择了属于"比兴言志"的古代诗歌共四百余首，进行笺释，其中李白名下就选了五十七首，几为全书之冠。

　　李白的诗，特别是他的"古风"和"乐府"，也是和屈原的作品一样，"依诗取兴，引类譬喻"，"其称文小而其所指极大，举类迩而见义远"。不谙《诗》《骚》"比兴言志"的传统，读李白诗歌，便觉惝恍迷离，不知所云；略知"比兴言志"之义，读李白诗歌，就能豁然贯通，了如指掌，而且其味无穷。

　　李白的诗歌之富于"比兴"，是和他的创作思想分不开的。"梁陈以来，艳薄斯极……将复古道，非我而谁！"（孟棨《本事诗》引李白论诗）从李白在诗歌创作上的雄心壮志可以看出，他对六朝末期堕落为统治阶级玩物的绮诗艳辞十分不满，主张恢复"古道"。而他所尊崇的"古道"，主要就是《诗经》和《楚辞》中运用"比兴"手法"言志""咏怀"，从而反映现实的优良传统。因此，他在作品中多次称道"风、雅"，高度评价屈、宋，而对一些把诗歌创作变成雕虫小技或当成升官发财工具的现象，则不遗余力鞭挞。同时，他在创作中贯彻了他的主张，实现了他的宣言。正如李阳冰《草堂集》序中所说："凡所著述，言多讽兴。"正确地指出了李白诗歌多着眼于现实；又引用卢藏用的话说："卢黄门云：'陈拾遗横制颓波，天下质文翕然一变。'至今朝诗体，尚有梁陈宫掖之风，至公大变，扫地以尽。"高度地评价了李白诗歌开一代诗风的巨大作用。由此可见，李白之所谓"将复古道"，实际上是借"复古"之名，行革新之实。李白之继承"比兴言志"的传统，不仅是技巧上的讲究，而首先是思想内容上的追求，是为了使诗歌像《诗经》《楚辞》那样具有高度的思想性和艺术性，从而"悬日月""映千春"，永垂不朽。

　　但是，过去在尊杜抑李的风气干扰之下，对李白的研究远远不及杜甫。李白在诗歌创作上的雄心壮志和苦心孤诣，没有得到充分的注意；李白大量的"比兴言志"的诗篇，没有得到应有的阐释，反而被人误解。甚至昧于言外之重旨，遗其篇中之大义，撷拾其言筌，拘泥于形迹，又从而责难之。或谓其诗"多在风月草木之间"，或谓其集"十句九句言妇人与酒"，终于斥其诗"文而无质"，诋其人"识见污下"。用这种办法来评论李白，不但李白一钱不值，《诗经》《楚辞》亦可以抛弃了。

"风月草木"，《三百篇》中，岂少也哉！"神仙虚无之说"，屈原《离骚》，亦犹是也！甚至"士女杂坐，乱而不分些""娱酒不废，沉日夜些"（宋玉《招魂》）！岂仅"言妇人与酒"！李白诗歌中一向被认为"荒唐"的地方，可以说都是从《诗经》《楚辞》中学来的。难道我们中华民族的诗歌传统，竟是这样"无质"和"污下"吗？

否！否！否！"风月草木""妇人与酒"以及"神仙虚无之说"，只不过是诗人借以发端，托以寄意，只不过是"言志"之手段，"咏怀"之媒介，由此及彼之阶梯，引人入胜之曲径罢了。"曲径通幽处，禅房花木深。"在《诗经》《楚辞》乃至李白的"比兴言志"的诗篇中，正是这样一种境界。

试读这首写草木的诗：

嘉谷隐丰草，草深苗且稀。

农夫既不异，孤穗将安归？

常恐委畦陇，忽与秋蓬飞。

乌得荐宗庙，为君生光辉。

（《感兴八首》其八）

表面上不过写的是地里的谷苗和野草。谷苗和野草长在一起，野草把谷苗都掩盖了，农夫若不加以区别，谷苗就与野草一起烂掉了。谷苗多么希望它的果实能够被人收获起来加以利用啊！仔细一读，就会发现，这首诗不是写草木，或不仅仅是写草木，而是写人。写的是在野的贤才无人识拔，将与草木同朽的心情，寄托的是诗人希望早日实现的雄心壮志，反映的是封建社会的当权者不能及时识拔人才的现实。"嗟乎，士怀才而不遇，千载读之，犹有感激。"（肖士赟《分类补注李太白诗》）它之所以能在千载之下令人感动，就是因为诗中所咏之"物"能使人联想到"人"。

试读这首写禽鸟的诗：

双燕复双燕，双飞令人羡。

玉楼朱阁不独栖，金窗绣户长相见。

柏梁失火去，因入吴王宫。

吴宫又焚荡，雏尽巢亦空。

憔悴一身在，孀雌忆故雄。

双飞难再得，伤我寸心中。

（《双燕离》）

假若我们浅尝辄止，就会以为《双燕离》就是写双燕离，这也值得"伤我寸心中"吗？

且慢！假如我们稍稍了解一下李白生平，就可知这首《双燕离》不只是写鸟，也是写人；不只是写自然，也是写社会。写的是李白因永王璘事件，遭冤枉，坐监狱，被流放，和妻子儿女天各一方的情景。假如我们把李白在浔阳狱中写的《百忧章》和《万愤词》以及流放途中的寄内诗放在一起读，就会发现其中某些诗句，如："星离一门，草掷二孩。万愤结缡，忧从中摧。""穆陵关北愁爱子，豫章天南隔老妻。一门骨肉散百草，遇难不复相提携。"这些充满了血泪的申诉，便是《双燕离》的注足。因此，不但作者要"伤我寸心中"，就是千载之下的人们读起来，联想到李白可悲的遭遇，恐怕不禁也要"伤我寸心中"吧？

其他如《空城雀》借饥饿的小鸟，写孤高之士甘于困乏之情；《鸣雁行》借被人弹射的大雁，写沦落之人屡遭迫害之情；《古风》其二十二借幽泉碧荷，《古风》其三十八借园中孤兰，写恐惧盛年之易逝，希望早遇明主，以成功名之情。都是兴发于此而义归于彼，借草木鸟兽之遭遇，写人的不幸命运。

至于《大鹏赋》和《天马歌》更是李白托物寄兴的名篇。《大鹏赋》不仅借大鹏写出了诗人自己的雄心壮志和豪情逸兴，而且反映了盛唐一代知识分子意气风发的精神状态。《天马歌》不仅借天马写出了诗人自己一生的遭遇，而且反映了唐代社会自盛而衰的转折。

由此可见，草木鸟兽虫鱼等，虽然似乎远离社会生活，但在诗人笔下，却可以使之相通。这就是《文心雕龙·比兴篇》所说的："诗人比兴，触物圆览。物虽胡越，合则肝胆。"

由此可见，草木鸟兽虫鱼等，虽然似乎微不足道，但在诗人笔下，却可以因小喻大，使人能够从恒河沙粒窥见大千世界。

李白"比兴言志"的诗篇中，常常借以发端和托以寄意的还有古代神话和历史故事。

譬如《古风》其三：

秦王扫六合，虎视何雄哉！

挥剑决浮云，诸侯尽西来。

明断自天启，大略驾群才。

收兵铸金人，函谷正东开。

铭功会稽岭，骋望琅琊台。

刑徒七十万，起土骊山隈。

尚采不死药，茫然使心哀。

……

但见三泉下，金棺葬寒灰。

秦始皇雄才大略，统一中国，不愧是"千古一帝"。但是他在统一中国后，就骄傲起来，认为从此万世一系，永保无虞了。于是到处刊石立碑，大搞歌功颂德；又兴师动众，劳民伤财，大修宫殿和陵墓；还派人去海外求仙，采不死药，以期长生。结果呢？在秦始皇陵深深的地下，金子铸的棺材里，还不是只剩下寒灰一堆！

短短百余字一首《古风》，概括了秦始皇的一生，全面评价了秦始皇的功过，抵得洋洋万言的史论，也是唐玄宗的一面镜子。唐玄宗早年也是雄才大略，励精图治，因而有"开元之治"；但后来也荒唐起来，终于酿成"安史之乱"。这首《古风》就是奉劝唐玄宗以古为鉴。

唐代开元年间，虽然政治比较开明，言论比较自由，但毕竟是封建社会，李白以"布衣"之卑，犯"九五之尊"，自然不得不采取古人"主文谲谏"的办法，以达到"言者无罪，闻者足戒"的作用。

其他如《古风》其五十八借楚襄王游高唐梦神女的故事，讽唐玄宗之荒淫；《上之回》借汉武帝巡幸回中（今甘肃东部）事，刺唐玄宗求仙；《远别离》借舜与二妃的传说，"著人君失权之戒"，都是"婉而成章"，奉劝唐玄宗吸取古人的教训，慎始慎终，从而反映出"盛唐"的阴暗面。李白以他诗人的敏感，早已在李唐王朝的金光闪闪之下，看出阴影重重。但当时毕竟还是"太平盛世"，因此李白的诗风也比较"温柔敦厚"。到了后来，唐王朝国事日非，李白的遭遇也越来越不幸，他的诗也就越来越愤激了。试看这首《古风》其三十一：

郑客西入关，行行未能已。

白马华山君，相逢平原里。

璧遗镐池君，明年祖龙死。

秦人相谓曰，吾属可去矣。

一往桃花源，千春隔流水。

此诗是借《史记》故事——秦时有人在去长安途中，遇见华山之神，将秦始皇渡江时失落的白璧，托他送给长安附近的镐池之神，并预言秦始皇死期不远——用以暗示唐玄宗的统治不会长久了，天下快要乱了。

在《古风》其三（"秦王扫六合"）等诗中，我们看见诗人之"志"尚在希望最高统治者以古为鉴，改弦易辙。这时，盛唐的光辉仍不失其灿烂。在《古风》其三十一（"郑客西入关"）等诗中，我们就看见诗人对统治阶级已濒于绝望，预感到它快要垮台，而准备和它决裂了。这时，"盛唐"的光辉也就日薄西山，甚至一去不复返了。

由此可见，李白的某些诗歌中，虽然表面上写的是历史故事，甚至是古代神话，却仍然和当时现实密切相关，使人从中可以察觉出社会治乱，时代盛衰来。

李白"比兴言志"的诗歌中，借以发端的还有相当数量是妇女。

美人出南国，灼灼芙蓉姿。

皓齿终不发，芳心空自持。

由来紫宫女，共妒青蛾眉。

归去潇湘沚，沉吟何足悲！

（《古风》其四十九）

你以为李白是在写无人赏识的"南国美人"吗？"此太白遭谗被逐之诗也。去就之际，曾无留恋。然自后人观之，其志亦可悲矣！"（肖士赟《分类补注李太白诗》）

燕赵有秀色，绮楼青云端。

眉目艳皎月，一笑倾城欢。

常恐碧草晚，坐泣秋风寒。

纤手抱玉琴，清晨起长叹。

焉得偶君子，共乘双飞鸾。

（《古风》其二十六）

你以为李白是在写不得其偶的"燕赵秀色"吗？

"此怀才抱艺之士，惟恐未能见用，而老之将至也！"（同上）

> 绿萝纷葳蕤，缭绕松柏枝。
>
> 草木有所托，岁寒尚不移。
>
> 奈何夭桃色，坐叹葑菲诗。
>
> 玉颜艳红彩，云发非素丝。
>
> 君子恩已毕，贱妾将何为！

（《古风》其四十四）

你以为李白又在写女人吗？"古称色衰爱弛，此则色未衰而爱已弛。有感而发，其寄讽之意深矣！"（王琦《李太白全集》注）李白被谗去朝，正当盛年，恰是建功立业之时，却被弃而不用，落魄江湖。这不是很像妇女"色未衰而爱已弛"的悲剧吗？"君子恩已毕，贱妾将何为！"多么悲哀！多么沉痛！贤人怀才不遇之愁心，实在没有更好的比喻了！

"莫怪篇篇咏妇女，别无人物与形容。"（陈藻《读李翰林诗》）李白借妇女以寄意的苦心，毕竟还是有人体会得出。只有被封建思想"一叶障目"的人，才视而不见，听而不闻。

李白"比兴言志"的诗篇中，还有一些是借"游仙"以发端，托"出世"以寄意。

西上莲花山，迢迢见明星。

素手把芙蓉，虚步蹑太清。

霓裳曳广带，飘拂升天行。

邀我登云台，高揖卫叔卿。

恍恍与之去，驾鸿凌紫冥。

俯视洛阳川，茫茫走胡兵。

流血涂野草，豺狼尽冠缨。

（《古风》其十九）

此诗是"安史之乱"时期中原景象一瞥。也许有人会责备李白："既是写'安史之乱'，就该开门见山写'安史之乱'。为什么忽又登上华山最高峰，忽又做'升天行'，忽又遇仙人卫叔卿……？这是在干什么呢？"若问李白写"安史之乱"的中原景象，何以要做"游仙"状，就是因为他是李白。他在客观上不可能跑到已经沦陷的中原去体验生活，他在主观上也不习惯对现实生活做工细的写生。他有的是一腔忧国忧民的苦心，他有的是对敌人的愤恨，他有的是浪漫主义的笔墨，他有的是写意的本领。因此，他情不自禁地就在幻想中登上了莲花峰，飞上了九霄云。他不登上莲花峰，飞上九霄云，怎么看得见远在数千里以外的中原呢？"西上莲花山，迢迢见明星。"多美的形象！我们一下就被它吸引住了。"素手把芙蓉，虚步蹑太清。"我们不觉也随着诗人的幻想而飞升。正在"恍恍与之去"时，突然，"俯视洛阳川，茫茫走胡兵"。原来，诗人引领我们到了兵荒马乱的中原的上空。"流血涂野草，豺狼尽冠缨。"只见茫茫一片的洛阳川里，野草都被人血染红了，一个个豺狼戴着大红顶子正粉墨登场哩！"安史之乱"时期的中原情况，就可想而知了，诗人对敌人的愤恨也就意在言外了。

由此可知，李白的某些游仙诗，是以引人入胜的形象，帮助我们展开幻想的翅膀，随着他来到那一时代的高空，对那个时代的现实做一次鸟瞰。虽然只有一瞥，但这一瞥却是惊心动魄的，令人难忘的。

"微子悲殷，实兴怀于黍离；屈平哀郢，亦假助于江山。"（黄叔琳《文心雕龙札记》）李白也是如此，不仅兴怀于黍离，亦假助于江山，特别是名山大川，幽岩奇塈，更是李白"比兴言志"的好手段。他的首屈一指的名篇《蜀道难》，就是运用"比兴"手法，假助于江山，言志咏怀，从而反映现实的杰作。它是借古蜀道的巉岩畏途，比喻入仕之途的崎岖坎坷，用以抒写一入长安的思想感情，从而反映了封建社会广开才路的某些真相。另一首代表作品《梦游天姥吟留别》，也是借助于江山的比兴之作。它是借梦游天姥山，比喻二入长安待诏翰林。天姥山中种种可喜可怖之景，实指待诏翰林时期所见之宫廷内幕以及心情的变化。还有两篇重要作品《公无渡河》和《横江词六首》也是如此。它们一是借黄河的惊涛骇浪比喻政治风险，一是借长江的惊涛骇浪比喻时代风波。在这些诗中，李白都是借助于江山，挥斥幽愤，从而反映了现实。由此可知，李白的好些山水诗实际上多是政治抒情诗。

综观李白"比兴言志"之作，可知"比兴"之为用，至广至大。凡春风秋雨，花开木落，古往今来，天上人间，甚至器用什物……真是"天地间形形色色，无非诗也"（《诗比兴笺》魏源序）。只要诗人胸中有源于现实生活的真知灼见和豪情逸兴，而且一人之心即万人之心，就可以触景生情，著手成春，写出动人的甚至"惊天地，泣鬼神"的诗篇。

也许有人怀疑："比兴言志"是奴隶社会和封建社会的产物，当时是为了"主文谲谏"，以便"言者无罪，闻者足戒"。而现在已是人民的时代，又是解放思想实行民主的新时期，诗人有什么"志"都可以直抒胸臆，畅所欲言，何必"比兴"。

须知"比兴言志"虽与"主文谲谏"有关，归根结底却是源于诗的特点。

孔子曰："举一隅，不以三隅反，则不复也。"子夏能够举一反三，孔子就赞扬他说："启予者商也，始可与言诗已矣。"可见诗的特点，就在于言短意长，能够使人举一反三，也就是说，富于启示性。"状难写之景皆在目前，含不尽之意于言外，使人思而得之。"这样的诗用鲜明生动的形象，启发读者的联想，使读者自己在进行再创作中受到教益，这比用散文直说，效果要好多了。这不仅是为了便于"言者无罪，闻者足戒"，就是在毫无禁忌的情况下，启发也比灌输好，循循善诱也比耳提面命好，曲径通幽也比一览无余好。"引而不发，跃如也。"正是此意。优秀的艺术之所以具有巨大的魅力，就是因为它给读者或观众提供了广阔的进行再创作的余地。"比兴言志"的传统之所以历数千年而不朽，原因也就在这里。

和"卑贱者"共呼吸，同命运

——李白关于妇女的诗歌

《李太白全集》中，关于妇女的诗歌共有八十余首，几乎占全部作品的十分之一。历代诗人在作品中写妇女的，再没有比李白更多的了。这部分诗歌迄今未得到正确的评价，遭到指责却是不少，甚至有人说他"识见污下，十句九句言妇人与酒"（王安石）；直至现代，还有人骂他"下流"，说他"崇拜的美人，大都是下流女子"。把李白说得简直像一个流氓，这真是冤哉枉也！究竟真相如何，让我们专门就李白关于妇女的诗歌进行一番研究。

李白关于妇女的诗歌中写得最多的是"思妇"，即思念远别的丈夫的妇女。她们主要是这两种人：一种是从军戍边的征人之妻，一种是南来北往的商人之妻。关于前者有《乌夜啼》《子夜吴歌》《塞下曲》《捣衣篇》《北风行》等；关于后者有《长干行》《江夏行》等。

人们都知道，唐代国势强盛，经济发达，前有"贞观之治"，后有"开元之治"，确是"虽秦皇与汉武兮，复何足以争雄"，堪称中国历史上的黄金时代。唐代的文治武功，自然要归功于"英主"和"贤相"们的励精图治，要归功于"凌烟阁"上的英雄，但归根结底应归功于"男耕女织"的劳动人民。没有劳动人民创造的大量物质财富做基础，根本谈不上任何文治武功。而在创造有唐一代文治武功的物质基础中，广大的妇女付出了何等的代价？多少妇女贡献了辛勤的劳动？多少妇女牺牲了她们的青春？多少妇女洒尽了痛苦的眼泪？这就没有人或很少有人知道了。李白却把她们反映在他的诗歌中，把封建社会中严重地被忽略了的一个方面反映了出来，把几千年来常被遗忘的二分之一的人类的生活和思想感情展现在我们眼前。

请看这首《乌夜啼》：

黄云城边乌欲栖，归飞哑哑枝上啼。

机中织锦秦川女，碧纱如烟隔窗语。

停梭怅然忆远人，独宿孤房泪如雨。

再看这首《子夜吴歌》（其四）：

明朝驿使发，一夜絮征袍。

素手抽针冷，那堪把剪刀。

裁缝寄远道，几日到临洮？

只有真正关心妇女命运，同情人民疾苦，又善于向民歌学习的诗人，才能写出这样真实动人的诗篇。

李白关于妇女的诗歌中，多次写到的还有"弃妇"。如《白头吟》《寒女吟》《妾薄命》《长门怨》《悲歌行》等，都是替被遗弃的妇女抒幽愤，鸣不平的作品。这些作品中的"弃妇"，有被遗弃后即无路可走的民间妇女，有被始乱终弃的富家妇女，还有"以色事他人，能得几时好"的贵族妇女，反映出在封建社会中，妇女被遗弃是一个普遍的社会现象，是一个严重的社会问题。

《白头吟》本是汉"乐府"古辞。相传司马相如另有所欢，他的妻子卓文君便写了这样一首诗和他决裂。原诗只有十来句："皑如山上雪，皎如云中月。闻君有两意，故来相决绝。……凄凄复凄凄，嫁娶不须啼。愿得一心人，白头不相离。"主要表现的是卓文君坚强的个性和爱情上的理想。李白在这首汉"乐府"的基础上进行了创造性的发展，写成了自己的《白头吟》。不仅在篇幅上比原诗扩大了数倍，更重要的是深入细致地刻画了女主人公的思想感情，加强了题材的悲剧性，揭示了"弃妇"的普遍性和社会性。

> 锦水东北流，波荡双鸳鸯。
>
> 雄巢汉宫树，雌弄秦草芳。
>
> 宁同万死碎绮翼，不忍云间两分张。

这是写人而不如禽。

> 兔丝固无情，随风任倾倒。
>
> 谁使女萝枝，而来强萦抱。
>
> 两草犹一心，人心不如草。

这是写人而不如草。

人怎么会反不如禽兽草木呢？这是因为：

> 相如作赋得黄金，丈夫好新多异心。

一朝将聘茂陵女，文君因赠《白头吟》。

司马相如升了官，发了财，便喜新厌旧，见异思迁，准备遗弃曾为他做过重大牺牲的卓文君了。可见，"弃妇"问题，不是人性问题，而是社会问题。

传说司马相如读了卓文君的诗，便回心转意，和卓文君重归于好。李白指出，这只是"弃妇"的幻想，而这种幻想是很难实现的：

莫卷龙须席，从他生网丝。

且留琥珀枕，或有梦来时。

覆水再收岂满杯，弃妇已去难重回。

……

"莫卷龙须席"四句，刻画"弃妇"幻想丈夫能够和她重温旧梦的深情密意，可谓入木三分。这种幻想越写得深刻细致，它的难以实现的悲哀也就越强烈感人。

再看这首《北风行》：

烛龙栖寒门，光耀犹旦开。日月照之何不及此？

惟有北风号怒天上来。燕山雪花大如席，片片吹落轩辕台。幽州思妇十二月，停歌罢笑双蛾摧。倚门望行人，念君长城苦寒良可哀。别时提剑救边去，遗此虎文金鞞靫。中有一双白羽箭，蜘蛛结网生尘埃。箭空在，人今战死不复回！不忍见此物，焚之已成灰。黄河捧土尚可塞，北风雨雪恨难裁！

　　诗中的"思妇"，是征人之妻。她们或从事农业劳动，或从事家务劳动；有的经历的是生离，有的经历的是死别。虽然她们并没有建立什么丰功伟绩，但"盛唐"一代的丰功伟绩中也有她们的劳动和血泪。当我们缅怀历史上这一个黄金时代时，也看看这些织机上的秦川女、絮征袍的长安人和泪尽空闺的"幽州思妇"吧！

　　《长干行》和《江夏行》中的"思妇"都是商人之妻。两诗的内容也基本相同，都是写商人之妻想念远别的丈夫。所不同的是：《长干行》中的女主人公是长干（今南京）人，想念的是她在四川经商的丈夫；《江夏行》中的女主人公是江夏（今武汉）人，想念的是她在扬州一带经商的丈夫。人物性格各有特点，前者夫妻感情深厚，女主人公望眼欲穿，矢志不移；后者则丈夫一去没有消息，女主人公怨恨之情，溢于言表。都写得真实动人。

……

十五始展眉，愿同尘与灰。

常存抱柱信，岂上望夫台。

十六君远行，瞿塘滟滪堆。

五月不可触，猿声天上哀。

门前迟行迹，一一生绿苔。

苔深不能扫，落叶秋风早。

八月蝴蝶黄，双飞西园草。

感此伤妾心，坐愁红颜老。

早晚下三巴，预将书报家。

相迎不道远，直至长风沙。

从长干到长风沙有七百里路，女主人公准备到七百里外去迎接她丈夫，还说不远，其情之深，其心之苦，就可以想见了。《长干行》中的女主人公的痴情，固然令人可感可敬，而《江夏行》中的女主人公面临着被抛弃的命运，也确实令人同情：

……

去年下扬州，相送黄鹤楼。

眼看帆去远，心逐江水流。

只言期一载，谁谓历三秋。

使妾肠欲断，恨君情悠悠。

东家西舍同时发，北去南来不逾月。

未知行李游何方，作个音书能断绝！

……

"作个"即今四川话"咋个"（怎个）。"作个音书能断绝！"写女主人公焦急、担心、怀疑、恐惧之情，使人如见其形，如闻其声。

这样一来，李白的《白头吟》反映的就不仅是卓文君一人的不幸，而是整个封建社会妇女的悲剧。

假若被遗弃的是贫寒人家的妇女，那"弃妇"的情景就更难堪了。请读《寒女吟》：

昔君布衣时，与妾同辛苦。

一拜五官郎，便索邯郸女。

妾欲辞君去，君心便相许。

妾读蘼芜书，悲歌泪如雨。

忆昔嫁君时，曾无一夜乐。

不是妾无堪，君家妇难作。

起来强歌舞，纵好君嫌恶。

下堂辞君去，去后悔遮莫。

"蘼芜书"，即古诗"上山采蘼芜，下山逢故夫，长跪问故夫，新人复何如？……"亦弃妇诗也。诗中有"新人不如故"之句，此诗亦有"纵好君嫌恶"之句。反映出妇女之被弃，并不是她本身有什么不好，而是由于丈夫从"布衣"变成了"五官郎"，责任在"多异心"的男性，责任在造成男性"多异心"的社会。因此，要改变妇女这种悲惨命运，只有改变造成这种悲剧的社会才有可能。李白关于"弃妇"的诗篇，使人最后不能不得出这样的结论。所以，这些诗篇具有高度的思想性，而高度思想性又是和高度艺术性——女主人公的生动的形象描写和深刻的内心刻画——分不开的。

李白关于妇女的诗歌中，不仅有对"思妇"的深刻同情，有为"弃妇"的强烈不平，还有对一些敢于反抗封建社会秩序的"侠女"与"勇妇"的大胆歌颂。

如《秦女休行》。《秦女休行》原是古"乐府"民歌，可能经过乐工左延年的加工，因此署名左延年作。李白根据它写出了自己的《秦女休行》。篇幅短于原作，而诗中女主人公的形象却比原作更鲜明：

西门秦氏女，秀色如琼花。

手挥白杨刀，清昼杀仇家。

罗袖洒赤血，英声凌紫霞。

……

犯刑若履虎，不畏落爪牙。

……

《秦女休行》写的是古"侠女"为父报仇。还有一篇《东海有勇妇》，则写的是今"勇妇"为夫报仇：

……

东海有勇妇，何惭苏来卿。

学剑越处子，超腾若流星。

捐躯报夫仇，万死不顾生。

白刃耀素雪，苍天感精诚。

十步两躩跃，三呼一交兵。

……

女主人公的飒爽英姿，可谓跃然纸上。在歌颂这位为夫报仇的勇妇的同时，李白对春秋时代为统治阶级卖命的刺客要离，却进行了批判。

由此可见，李白对任侠行为和司马迁一样，不是盲目歌颂，而是有所区别。《秦女休行》和《东海有勇妇》中的女主人公，都是负有不共戴天的冤仇而又无法申冤雪恨，不得已而为此复仇之行。假若当时社会法律能够伸张正义，平反冤狱，又何须弱女子冒刑捐躯，任侠杀人？也许冤狱之造成，正义之不伸，其根源正在于社会制度本身。因此，李白歌颂含冤莫伸而能不畏强暴的弱者，实际上也是对封建社会秩序的大胆挑战。

李白关于妇女的诗歌中最为难能可贵的是对劳动妇女的描写。他把她们的劳动生活、声音笑貌、思想感情，都写得很美。

古代诗歌中写妇女美貌的并不稀奇。一部《玉台新咏》大量篇幅写美人，但却不值得赞赏，因为所写的多半是贵族妇女的病态美。和梁陈的“艳辞”比较起来，李白笔下的劳动妇女的美，就显得健康多了，清新多了。

试读这两首《越女词》：

耶溪采莲女，见客棹歌回。

笑入荷花去，佯羞不出来。

（其三）

镜湖水如月，耶溪女如雪。

新妆荡新波，光景两奇绝。

（其五）

在李白的诗歌中，常常在江山如画的背景中描写妇女
的天然的美，因此常有"光景两奇绝"的境界。

再读这首《秋浦歌》（其十三）：

渌水净素月，月明白鹭飞。

郎听采菱女，一道夜歌归。

诗中的"采菱女"，虽然没有"出场"，但是，清清
的溪水映着明亮的月光，月光下飞着一行行白鹭，这一片

美丽的夜景自然使人想见歌声之美，想见歌者之美，想见采菱女及其歌声也像这一片夜景一样的美。采菱女就像映在清溪中的素月，采菱女的歌声就像月光下的白鹭在飞。

还有一首《采莲曲》也值得一读：

若耶溪边采莲女，笑隔荷花共人语。
日照新妆水底明，风飘香袂空中举。
岸上谁家游冶郎，三三五五映垂杨。
紫骝嘶入落花去，见此踟蹰空断肠。

"见此"者，岸上"游冶郎""见此""采莲女"也；"踟蹰"者，徘徊不能去也；"空断肠"者，可望而不可即也。诗中的女主人公属于古"乐府"《陌上桑》中的罗敷一流人物。艳若桃李，冷若冰霜。美妙动人，又不可侵犯。因此，岸上三三五五的"游冶郎"，都只有"空断肠"了。

李白的诗如"清水出芙蓉"，李白诗中的妇女亦如"清水出芙蓉"。李白笔下的妇女之美，其境界之高，在三千年来的诗歌中是少有的。

李白在写真诚的爱情时，总是用妇女做诗中的主人公。

例如《春思》：

> 燕草如碧丝，秦桑低绿枝。
>
> 当君怀归日，是妾断肠时。
>
> 春风不相识，何事入罗帏！

李白诗文集的注家之一肖士赟的解释，深得此诗之旨："燕北地寒，生草迟。当秦桑低绿之时，燕草方生，兴其夫方萌怀归之志，犹燕草之方生；妾则思君之久，犹秦桑之已绿也。末句比喻此心贞洁，非外物所能动。"

再如《夜坐吟》：

> 冬夜夜寒觉夜长，沉吟久坐坐北堂。冰合井泉月入闺，金缸青凝照悲啼。金缸灭，啼转多。掩妾泪，听君歌。歌有声，妾有情。情声合，两无违。一语不入意，从君万曲梁尘飞。

此即卓文君的《白头吟》中所谓"愿得一心人，白头不相离"之意也。这也是千千万万的妇女在两性关系问题上典型的理想：情投意合，白头偕老。否则任你说得天花乱坠，也不动心。

再如《长相思》："昔时横波目，今作流泪泉。不信妾肠断，归来看取明镜前。"再如《捣衣篇》："有使凭将金剪刀，为君留下相思枕。摘尽庭兰不见君，红巾拭泪生氤氲。明年若更征边塞，愿作阳台一段云。"这些至情之文都是出自诗中的女主人公之口。即使在丈夫思念妻子的诗篇中，也总是反映出妻子对丈夫的思念更为感人。如《久别离》中的"至此肠断彼心绝，云鬟绿鬓罢梳结，愁如回飙乱白雪"。好一个"愁如回飙乱白雪"！"回飙"者，旋风也。心中的离愁就像旋风卷起的白雪乱飞，其思念之强烈，就可想而知了。

恩格斯在《家庭、私有制和国家的起源》中多次指出，真诚的爱情只存在于被压迫的阶级中。可以说，唯"卑贱者"有真爱情。在封建社会中，一般妇女均处于"卑贱者"的地位，因此，她们的爱情总是比一般男子更单纯、更专一、更真诚。"愿得一心人，白头不相离。"很少附加条件，很少禄蠹思想和铜臭气息，很少喜新厌旧和见异思迁的恶习。所以李白关于爱情的名篇佳句，多是妇女真诚的心声。

李白作品中还有一些诗，表面上是写妇女，实际上是写他自己。或借"燕赵秀色""焉得偶君子"之幽怨，写自己怀才不遇之愁苦；或借被遗弃的织布女的哀吟，写自己求人汲引之衷情；甚至借宫女的沦落，写自己被谗去朝的牢骚。这些作品虽然实际上不是写妇女，却可以看出，诗人总是感到他和这些"卑贱者"是同命运的人。

李白关于妇女的诗歌中也有骂妇女的，并且不是一般的骂，而是大骂、痛骂：

> ……
>
> 彼妇人之猖狂，不如鹊之强强；
>
> 彼妇人之淫昏，不如鹑之奔奔。
>
> ……
>
> （《雪谗诗赠友人》）

这个禽兽不如的妇人是谁呢？有人说是李白的第二个妻子，"会稽愚妇"刘氏。关于刘氏的事迹，无从查考。持此说者，也提不出什么有力的论据。而从诗的本身看来，却可以得出一系列的反证。

诗名"雪谗"，诗中又有"白璧何辜，青蝇屡前""交乱四国，播于八埏""哀哉悲夫，谁察予之贞坚""人生实难，逢此织罗。积毁销金，沉忧作歌""如或妄谈，昊天是殛""神靡遁响，鬼无逃形，不我遐弃，庶昭忠诚"等语。试问：一个什么样的"会稽愚妇"，竟能以她的谗言弄得李白如此痛心疾首地向人申诉？如此指天誓日地向人表白？而且一个普通妇女的谗言，又安能"交乱四国，播于八埏"？李白写这首诗时，已经五十来岁，什么世面没有见过？怎么会被些许家务事弄得这样焦头烂额，而且写成一首长诗公之于世？即使小题大做，也何至于到这种程度！

何况诗中引证了一连串的"女祸"故事。"妲己灭纣"，"褒女惑周"，吕后和审食其之狼狈为奸，秦皇太后与嫪毐之荒淫无耻，都不是指普通人的家庭纠纷。"蟏蛸作昏，遂掩太阳。"明明是指当代的国家大事。虽然其下有一转语："万乘尚尔，匹夫何伤！"但并非是"侧重"在"匹夫"，而是说：连万乘之尊都不免受其祸害，我一个布衣之士受其迫害算得什么呢！

忧谗畏讥之情，青蝇白璧等语，屡见于李白天宝年间被逐去朝以后的诗作中，矛头都是指向杨玉环、高力士、张垍等人。因此这篇《雪谗诗》中李白痛骂的"妇人"，自然是妲己、褒姒、吕雉、秦皇太后之流的人——杨玉环。李白之骂杨玉环，不仅仅是骂杨玉环个人，而是骂妒贤嫉能的权贵，骂封建统治阶级，骂黑暗腐朽的封建社会。因此《雪谗诗赠友人》是一篇具有高度政治意义的作品，绝不是骂老婆的无谓之作。

李白关于妇女的诗歌中固然也有一些庸俗的作品，例如《出妓金陵子呈卢六四首》等诗。但这些作品在李白全部作品中是极少数。而且"携妓"一事，虽然是一种恶习，但在唐代社会中极为普遍，极为寻常，就连"诗圣"杜甫亦有《陪诸贵公子丈八沟携妓纳凉》之作。因此，我们不能用今天的社会主义生活方式去要求古人，而对此类作品大惊小怪，视为李白道德品质上的污点。

由此看来，责骂李白"识见污下，十句九句言妇人……"以及"下流"等，实在是对李白的诬蔑。

从马克思列宁主义观点来看，李白在妇女问题上不是"识见污下"，而是识见高超。"社会的进步可以用妇女的社会地位来衡量。"（马克思）一个诗人识见的高下也可以用他对妇女的态度来衡量。

在古代男尊女卑的社会里，妇女甚至不被当人看待。在古代罗马人那里，Familia（家庭）这个词，不是指妻子儿女，而是指奴隶，是指属于一个人的全体奴隶；在古希腊悲剧家欧里庇得斯的作品中，妻子被称为oikurema，意即用来照管家务的一种东西；子曰："唯女子与小人为难养也"，在中国古代，"女子"也总是与"小人"（奴隶）相提并论的。唐代政治开明，文化发达，妇女也比较自由解放一点，但是距离男女平等还远着呢！毕竟还是男尊女卑的社会。

在这样的历史条件下，李白能够在他的创作中大量地反映妇女的生活和思想感情，而且把她们写得这样美丽，这样纯洁，这样聪明，这样善良，这样有胆有识，这样可爱可敬，这就等于向社会宣告：妇女绝不是没有生命的"东西"，绝不是天生卑贱的奴隶，也绝不是仅供男人赏玩的"尤物"。她们也是人，活生生的人，具有独立人格的人，能够创造社会财富的人；她们之中有的人聪明才智和忠肝义胆甚至在一般男子之上。因此，她们应该和男人一样享有同等的社会地位。

男女平等的思想，是一种先进的思想。李白正是从这种先进的思想出发，才能如此关心妇女的命运，写出如此大量反映妇女生活和思想感情的诗篇。

这种思想在今天看来固然已不足为奇，但在当时的历史条件下，宣扬这种思想的诗歌却是离经叛道，惊世骇俗之作，因此不免受到封建卫道者的诬蔑和攻击。

李白关于妇女的诗篇，体现了诗人和"卑贱者"共呼吸、同命运的高贵品质。和李白整个作品中的反抗权贵、同情人民的基本精神是一致的。

光辉灿烂的双子星座!

——李白与杜甫的友谊

天宝三载暮春季节的洛阳，紫陌朝天，白杨夹道，芳草如茵，落红遍地，一匹匹银鞍骏马，往来驰骋；一辆辆朱轮绣毂，川流不息。看花的高潮刚过去，斗鸡的热风又起来。马蹄阵阵，刚好掩盖了市场里乞儿的号叫；香风拂拂，勉强冲淡了大路旁饿殍的气息。龙楼凤阙的雕梁画栋下面虽然已是阴气森森，表面上看去总还是金碧辉煌；歌馆楼台的朱帘银屏背后虽然血泪斑斑，但清歌妙舞毕竟引人入胜。洛阳，不愧是李唐王朝的东都，它和长安一样繁华，也和长安一样建筑在人民的血汗和白骨上面。

杜甫满三十岁，从河南巩县老家出来，游历了齐、鲁一带以后，来到这里，已是两三年了。东都病态的繁华早已使他厌倦，但要回到老家乡下去，他又不甘心。眼看已经三十三岁了，前途还很渺茫。何况洛阳居，对于一个外县来的"布衣"来说，也是大不易事。因此，他想走不想走都得走了。

恰在这时传来一个消息，"赐金还山"的翰林学士李白已经来到洛阳了。对于李白，杜甫闻名已久，而且早就想和他结识，现在能够如愿以偿，当然高兴，但他也有些顾虑。李白当时已是名满天下的诗人，又是皇帝御手调羹待为上宾的人，还是敢于叫炙手可热的高力士脱靴的人。虽然已是"赐金还山"，但所到之处，地方官吏都要亲自接待，一般士人更是望风拜谒。而杜甫呢，虽然"翰墨场"中已小有名声，但比起李白来，毕竟望尘莫及。他的"三吏""三别"等名篇佳作，是远在十年以后才出现的。当时人殷璠编选的《河岳英灵集》中还没有杜甫的作品。可见，"李杜齐名"是后来的事情。天宝三载，李白和杜甫相会时，二人名声既不相侔，社会地位也很悬殊，年龄也相差十一岁。因此，在出席洛阳人士招待李白的宴会时，杜甫心里不免有些忐忑，他不知道他景慕的李白会不会看他不起，而高攀不上呢？

但在见面之后，杜甫这种心情很快便消除了。只见李白头戴高冠，身佩雄剑，身长七尺，四十开外；虽然相当神气，却并不倨傲。他见到刺史和县令一拱手，见到布衣之士也是一拱手，不分贵贱，一视同仁。李白面目白皙，眉宇轩昂，神清气朗，举止潇洒，真像人们传说的有"仙风道骨"；但并非可望而不可即，而是和蔼可亲，平易近人。虽然他的双目炯炯，"眸然如饿虎"，但除了对欺压他的权贵，他的目光总是温和的。李白很健谈，特别酒过数巡之后，他更是谈笑风生，时作"粲花之论"，令人绝倒。李白的酒量更是尽人皆知，又毫不拘礼，因此大家也就开怀畅饮，尽欢而散。

总而言之，李白没有一点名人派头，没有一点前翰林学士的架子，没有一点官场习气，性格直爽，待人真诚，对杜甫很亲切，还和杜甫说笑呢！因此杜甫和李白一见如故。

于是，他们相约同游梁园。梁园又名梁苑，在宋城（今商丘），是汉文帝的二儿子梁孝王刘武修建的离宫别馆。广数十里，有台曰平台，可以登临；有园曰兔园，可以游览。梁孝王和司马相如等人不时来此聚会，曾极一时之盛。到唐代天宝年间，虽然已面目全非，但尚有遗址可寻，况荒城古木，残宫剩阙，更别有一番风味。他们在宋中又遇到诗人高适，便一同在梁园一带流连了一些日子。

每日里登高远望，慷慨怀古，饮酒歌吟，聊以寄托他们的壮志，暂且排遣他们的忧思。

在梁园游览期间，李白谈了他三年翰林生活以及"赐金还山"的真相；又谈了他平生的志趣，进则济苍生，退则做隐士；还谈到他回山东后准备从高天师接受道箓的打算。杜甫听了李白谈心以后，对他有了更进一步的了解。对李白毅然离开朝廷，走出长安的行动，十分佩服；对李白接受道箓遁入方外的苦衷，十分同情；特别是联系到自己这些年来怀才不遇的经历，竟然也有了归隐的念头，而且对访道寻仙也发生了兴趣。于是杜甫写出了第一首《赠李白》：

二年客东都，所历厌机巧。

野人对膻腥，蔬食常不饱。

岂无青精饭，使我颜色好。

苦乏买药资，山林迹如扫。

李侯金闺彦，脱身事幽讨。

亦有梁宋游，方期拾瑶草。

杜甫在李白的影响之下，也真像有了遁世之心了。因此他们又一块北渡黄河到王屋山去访道士华盖君，想从他学道，不料华盖君已经"仙去"，他们只好失望而返。

杜甫在多年以后回忆起这件事来还写了《昔游》一诗，表示非常遗憾。

他们从王屋山回到河南已是秋天。秋高马肥，正是打猎的好时候。三位诗人豪兴大发，在宋州虞城县西北的孟诸泽中打了一回猎。李白有《秋猎孟诸夜归置酒》一诗以纪其事，杜甫后来也写了《昔游》《遣怀》二诗追忆其事。

此次同游，自夏至秋，前后盘桓数月，直到秋深才分手。杜甫又写了一诗《赠李白》：

秋来相顾尚飘蓬，未就丹砂愧葛洪。

痛饮狂歌空度日，飞扬跋扈为谁雄？

大意是说，一年容易又秋风，我们彼此都还是像飘蓬一样。想用世吗，又没有出路；想弃世吗，又无处可去。东不成，西不就，进退两难。只是每日里痛饮狂歌，发些牢骚，又有什么用呢？

可见他们聚会之际，有欢乐，也有苦恼。欢乐的是：

知己难得；苦恼的是：他们谁也不知道出路在哪里。

分手以后，他们不久又在鲁郡（今曲阜）相会，并一同去拜访北海太守李邕。李邕素以文章和书法知名天下，又爱结交天下士人；更重要的是此老年近七十，虽屡遭贬黜，仍然是锋芒毕露，不畏权贵，时人称之为"干将莫邪"，因此他们都喜欢上他那里去。在李邕家里，他们不仅可以开怀畅饮，而且可以痛痛快快吐一吐心中郁积。诸如奸相李林甫的专权跋扈，贤相张九龄的被黜身死，老诗人贺知章的洁身引退，寿王妃杨太真的被召入宫（儿媳居然做老婆！），安禄山兼范阳节度使（天下兵马他就掌握了三分之一！），等等，近几年的时事，都是他们热烈的话题，大家都颇有国事日非之感。

由此可见，李白之屡言访道求仙，并从高天师受道箓，以及杜甫受他影响也有了遁世之心，其实质是怎么一回事，而他们之"未就丹砂愧葛洪"，始终没有成为真正的隐士，其原因也就可想而知了。他们"济苍生，安社稷"的雄心大志，怎么能完全消失呢？他们一颗热烈的赤心，怎么能一旦冷却呢？

天宝三载十月，他们在李邕处聚会以后，高适便到南方旅游去了，杜甫又回到洛阳，李白自回任城家中。杜甫和李白两次聚会以后，越发觉得李白可敬可亲。李白也觉得杜甫和自己志趣相投，为人又忠厚老实。二人便成了忘年交。于是第二年（即天宝四载）的春天，他们又相聚于鲁郡。每日里除在一起促膝谈心，抵掌论文，赋诗饮酒外，又到泗水泛舟，还到尧祠访古，最难忘的是有一次他们同去拜访隐士范十。鲁城北郊的范氏庄，地方十分幽静。一丛丛酸枣长在它的门前，一串串寒瓜爬满它的篱笆。主人范十曾在朝中当过几年小官，因为倦于官场生活，酷爱大自然，便辞官归隐。李白和杜甫大概是在李邕家里认识他的，彼此志趣相投，便一同来访他的幽栖之处。初次造访，路径不熟，竟迷了路。李白一跤跌在苍耳丛中，帽子也跌落了，翠云裘上也沾满了多刺的苍耳，拂也拂不掉，抖也抖不掉。杜甫要帮他一个一个拿下来，李白却不管它，就这样衣冠不整地叩开了主人的门。相见之下，大笑一场。主人叫小童摆出新鲜蔬菜瓜果来招待客人，使两位诗人感到别有风味，胜过丰盛的筵席。酒过数巡，越发高兴地吟起诗来，开起玩笑来。上下古今，天南地北，奇闻异事，三教九流，什么都谈，只不谈做官的事。这样无拘无束，痛痛快快地聚会了十来天。李白和杜甫都各自赋诗留念。杜甫写他和李白深情厚谊的名句："余亦东蒙客，怜君如弟兄。醉眠秋共被，携手日同行。"就是写他们这次北郭之游的情景。

李白和杜甫认识以后，两年中三次聚会，便成了莫逆之交。真诚的友谊，倾心的交谈，自由的生活，使他们感到从来未有的欢快，也算是他们坎坷的人生之路上一种安慰。

分手的时候终于到来了。李白在鲁郡北门的石门山饯别杜甫，并赋诗一首，送给杜甫留作纪念：

醉别复几日，登临遍池台。

何时石门路，重有金樽开？

秋波落泗水，海色明徂徕。

飞蓬各自远，且尽手中杯。

他们分手时已是天宝四载的秋天，他们感到彼此都像飘风中的飞蓬一样，将要远别了，但是希望以后还有机会再见。谁知这次分手以后，他们就天各一方。李白长期飘泊在江南，杜甫长期困居在长安。其间，李白虽然也到过北方，杜甫也回过洛阳，但总是这个来了，那个又走了，那个来了，这个又走了，就和参商二星一样，始终相隔千里，再也没有到过一处了。

长安，这个给人以最大希望的地方，又是给人以最大失望的地方。李白一次又一次乘兴而来，败兴而返；杜甫一年复一年在这里蹉跎岁月，过着"朝叩富儿门，暮随肥马尘，残杯与冷炙，到处潜悲辛"的生活。在这种难堪的生活里，杜甫越发感到李白的真诚友谊的可贵，因此一次又一次想起李白来，一次又一次寄诗给李白，或托人带去他的关怀和问候。

《冬日有怀李白》：

寂寞书斋里，终朝独尔思。

更寻嘉树传，不忘角弓诗。

短褐风霜入，还丹日月迟。

未因乘兴去，空有鹿门期。

《春日忆李白》：

白也诗无敌，飘然思不群。

清新庾开府，俊逸鲍参军。

渭北春天树，江东日暮云。

何时一樽酒，重与细论文。

你看杜甫，冬天里也想李白，春天里也想李白；坐在书斋里也想李白，走在野地里也想李白。春天走在渭河岸上，看见树木发芽了，就想到此时此际李白在江东的落日暮云之下，也正在想他。冬天穿一身短袄连风霜都挡不住，就想到李白劝他退隐的话，后悔自己羁留在长安虚度岁月。既想到和李白亲如兄弟的情谊，又想到李白杰出的诗才。什么时候才能重又聚会在一起开怀畅饮，谈诗论文呢？杜甫的一颗心真像要飞到李白那里去了。

杜甫的《饮中八仙歌》也是这个时期写的。诗中描写了李白及其诗友们在长安生活的一个侧面。八个人个个形象生动，性格鲜明。"李白斗酒诗百篇，长安市上酒家眠。"便是其中脍炙人口的名句。

李白也有《沙丘城下寄杜甫》：

我来竟何事，高卧沙丘城？

城边有古树，日夕连秋声。

鲁酒不可醉，齐歌空复情。

思君若汶水，浩荡寄南征。

李白在天宝九载至天宝十二载之间，曾返东鲁探家。当他来到莱州掖县沙丘古城遗址上时，想起几年前和杜甫等人同游梁宋齐鲁一带的情景，便产生了强烈的思念之情：现在我一个人来此高卧，有什么意思呢？鲁酒喝起来也没啥味道了，齐歌听起来也不动人了，只觉城边古树秋声瑟瑟，白天夜里都使人感到凄凉。我的思念啊，就像从这里发源的汶水一样，浩浩荡荡流向远方。

李白和杜甫，一个是："寂寞书斋里，终朝独尔思"；一个是："思君若汶水，浩荡寄南征"——都是一样的离情，一样的别绪，很难说，谁的意短，谁的情长。固然，李白诗文集中寄赠杜甫的作品，篇数是不及杜甫多。但李白诗文在"安史之乱"中，"十丧其九"（李阳冰语）。后来编集时，虽然搜罗了一些回来，恐怕散失的仍然不少。李白向以捷才著称，篇什之富，绝不在杜甫之下，而现在流传下来的杜诗有一千四百余首，而李诗尚不足千首。看来，虽经搜集，恐怕至少也是十丧其半。在李白大量散失的作品中，寄赠杜甫的篇什，肯定比现存的要多得多。假若他们分手以后，李白仅有一首《沙丘城下寄杜甫》，多年来已把杜甫置诸脑后，那杜甫后来也就不可能还有那么多首怀念和寄赠李白的诗了。以前曾有人就李杜现存赠答篇目，计多较少，道短论长，实在是不足凭信。

天宝十四载，当李白旅居江南书剑飘零之际；当杜甫困居长安多年以后，刚当上一个微不足道的小官之际，"安史之乱"来了。半壁河山沦为战场，整个国家都在动荡中，两位诗人从此以后更是颠沛流离，九死一生。李白因永王璘事件，而入狱，而流放，险遭杀头；杜甫则携家逃难，狼狈万状，几死贼中。二人虽一南一北，远隔万里，遭遇却同样坎坷，命运却同样悲惨。

当杜甫在秦州（今天水）听到李白身陷囹圄，又遭流放，下落不明，生死难料时，悲痛极了。他接连三天三夜都梦见李白，并认为李白也是十分想念他而频频入梦。他看见李白憔悴不堪，他听见李白说："我来见你可不容易啊！"他还看见李白出门时搔着白发，感慨平生壮志未能实现。他又担心千山万水，李白在路上出事，一再叮咛李白小心别掉进水里被蛟龙吞了。醒来时，看到快落下去的月亮照着屋梁，李白憔悴凄凉的神色恍惚还在眼前。于是他写下了《梦李白二首》：

死别已吞声，生别常恻恻。

江南瘴疠地，逐客无消息。

故人入我梦，明我常相忆。

恐非平生魂，路远不可测。

魂来枫林青，魂返关塞黑。

君今在罗网，何以有羽翼？

落月满屋梁，犹疑照颜色。

水深波浪阔，无使蛟龙得。

（其一）

浮云终日行，游子久不至。

三夜频梦君，情亲见君意。

告归常局促，苦道来不易。

江湖多风波，舟楫恐失坠。

出门搔白首，若负平生志。

冠盖满京华，斯人独憔悴。

孰云网恢恢，将老身反累？

千秋万岁名，寂寞身后事！

（其二）

211

在诗的最后，杜甫愤慨极了：如今两京恢复了，好多人都当上官了，偏偏满怀壮志、满腹经纶的李白，还是这样倒霉！谁说天网恢恢，朝廷宽大？李白已经快到六十岁了，还没有出路，反而成了罪犯！可叹将赢得千秋万岁名的诗人，身世却是这样可怜！——杜甫这两首诗不仅表现了对李白真挚的友谊，而且是对封建社会的控诉和抗议。

唐肃宗乾元二年，杜甫由秦入陇，又由陇入蜀，辗转千里，辛苦备尝。年底到了成都，靠了老朋友（当时在西蜀当官的严武和高适等人）的帮助，卜居城西之浣花溪，漂泊了大半生，才算有了个栖身之处。这就是"杜甫草堂"。但那时的"草堂"哪有现在的规模和气象呢？不过是几亩荒园、几间茅屋罢了。园中的花木，都是向东家要一些树苗，向西家要一些花种，慢慢培植起来的；全家的衣食都是靠这个朋友周济一段时期，靠那个朋友周济一段时期，凑凑合合过的；甚至，就连吃饭的碗盏也是向人家要来的：

大邑烧瓷轻且坚，叩如哀玉锦城传。

君家白碗胜霜雪，急送茅庵也可怜。

就这样的生活，前后一共也只三年多，便又开始漂泊。这算什么"地主庄园"！

当然，杜甫总算比李白强一点。李白这时虽逢大赦，从流放途中活出半条命来，但是贫病交加，走投无路。作为一个流刑释放犯，在一些人心目中，固属罪已大矣，行已亏矣，身已败矣，名已裂矣，只有忍辱含垢以没世矣。但就在这种情况下，杜甫写了《寄李十二白二十韵》。这首长诗可以说是为李白写的一个小传：

> 昔年有狂客，号尔谪仙人，
>
> 笔落惊风雨，诗成泣鬼神。
>
> 声名从此大，汩没一朝伸。
>
> 文采承殊渥，流传必绝伦。
>
> 龙舟移棹晚，兽锦夺袍新。
>
> 白日来深殿，青云满后尘。

首先写李白当年在长安的光荣经历，并给李白诗歌以很高的评价。

> 乞归优诏许，遇我宿心亲。

未负幽栖志，兼全宠辱身。

剧谈怜野逸，嗜酒见天真。

醉舞梁园夜，行歌泗水春。

继写李白"赐金还山"后在洛阳相见和梁宋齐鲁之游。

才高心不展，道屈善无邻。

处士祢衡俊，诸生原宪贫。

稻粱求未足，薏苡谤何频！

五岭炎热地，三危放逐臣。

几年遭鵩鸟，独泣向麒麟。

然后，就为李白大鸣不平，既把李白比成贬居外地的贾
谊，又把李白比成穷途末路的孔子。

总而言之，这首诗是为李白树碑立传，是为李白鸣
冤叫屈，是在李白最困难的时候，对李白的最大安慰和
支持。

杜甫寄赠李白的最后一首诗是《不见》：

不见李生久，佯狂真可哀。

世人皆欲杀，吾意独怜才。

敏捷诗千首，飘零酒一杯。

匡山读书处，头白好归来。

最后，杜甫听说李白疯了。李白啊，你是真疯呢，还是假疯呢？但愿你是假疯吧！可叹你那么高的才华，到头来身世竟这样飘零。有些人恨不得把你置之死地，但我却偏要同情你、赞扬你。你实在无处可去，就回到故乡来吧！你少年时代读书的匡山，不是还有你的旧居吗？

李白既没有答复，也没有回来。也许此诗寄到时，李白已做了异乡的孤魂野鬼，永远不能答复杜甫，永远不能回到故乡，永远只能在梦中和杜甫见面了。

杜甫的《梦李白二首》等诗，前人称为"天壤间维持公道，保护元气文字"（卢世㴐）。它们尤为难能可贵之处是写在"世人皆欲杀"的情况下。所谓"世人"，主要是指封建统治阶级中的某些人，唐肃宗李亨第一个就容不下李白。在这种情况下同情李白，而且形诸文字，那是非同小可的。朝廷一旦得知，是会有祸事临头的。但杜甫却敢于多次仗义执言，慷慨陈词，甚至骂迫害李白的人是"魑魅"："文章憎命达，魑魅喜人过。"（《天末怀李白》）表现了极其可敬的大无畏的精神，几乎到了奋不顾身的程度。杜甫的性格本来比李白温柔敦厚得多，但这些地方表现了杜甫也有其"金刚怒目"的一面，此老何尝是"每饭不忘君"啊！

唐代宗宝应元年（762），李白六十二岁，死于安徽当涂。八年以后，即唐代宗大历五年（770），杜甫五十九岁，死于湖南耒阳。两人都死在漂泊之中，都死在穷困之中。

但是，在人民心中，他们却永远活着，而且永远在一起。

每当万籁俱寂，众星闪烁的夜里，东方的天空中，有两颗巨星紧紧挨着，千年万载放射着耀眼的光芒。啊，多么美丽的双子星座！那就是李白和杜甫的英灵吧？

后记

　　当我们认真研读马列主义经典著作时，就会发现：不但它们的立场、观点、方法使人心折，而且它们的雄健的文笔也使人神往，甚至好些地方充满了诗情画意，严格的科学论证竟具有强烈的艺术魅力。

　　我国古代的诸子百家也多如此，最突出的例子如《庄子》。它就既是哲学著作，又是文学作品。古代的文论和诗论也多如此。《文心雕龙》《诗品》，不仅以它们的真知灼见著称，也以它们的形象、铿锵、给人以美感的文笔使人百读不厌。

　　我在少年时代，读过勃兰德斯的《欧洲十九世纪文艺思潮》，留下深刻印象。他那情文并茂的笔墨，使拜伦、雪莱等人活生生地出现在我的心头。闻一多先生的《杜甫》（可惜全书未完成），也是于论述之际，笔端常带感情，又富于形象描写，使人过目难忘。

在这些著作的巨大影响之下，我情不自禁向它们学习，学习它们把逻辑的东西和形象的东西结合起来，把科学的成分和艺术的成分结合起来；而李白一生的坎坷经历和他杰出的诗篇，也使人不能无动于衷，不能不浮想联翩，不能不笔端带感情。

然而这种学习是一个艰巨的过程，本书只不过是这个过程的开始。

总而言之，这本东西无论内容和形式都是很不成熟的。科学性和艺术性高度结合，恐怕是我毕生难以达到的目标。虽不能至，然心向往之，且不知老之将至。

增订后记

　　本书在一九七九年至一九八○年付印期间，我和研究生薛天纬共同编写了一本《李白年谱》（由齐鲁书社出版）。在编写年谱的过程中，就已发现本书有好些不足和不确之处，但已来不及修改，只好怀着十分遗憾的心情，让它和读者见面了。

　　感谢陕西人民出版社的支持，使我有一次弥补的机会，在本书再版的时候进行增订。此次增订，上编改动较大，加写了"李白在开元后期"和"李白的幽州之行"两章，其余各章也或多或少做了修改；下编改动较小。

　　虽然经此一番增订，减少了一些疏漏和错误，但对李白生平和作品的探索仍不够充分、深入，仍然是此项工作的初步。关于李白的一些重要作品，我提出了一些与前人不同的看法，这些看法的详细论证将在另一本书《李诗新笺》（由中州书画社出版）中完成。

此次增订，承天纬同志协助，并承四川江油县李白纪念馆惠寄意见。

1981年12月

于西北大学新村

附录：长乐坡前逢杜甫

——天宝十二载李杜重逢于长安说

闻一多先生在他未完成的杰作《杜甫》一文中，曾以浪漫主义诗人的笔墨，描述了李白与杜甫天宝三载（744）在洛阳的初逢[①]：

> 写到这里，我们该当品三通画角，发三通擂鼓，然后提起笔来蘸饱了金墨，大书而特书。因为我们四千年的历史里，除孔子见老子，没有比这两人的会面更重大，更神圣，更可纪念的。我们再逼紧我们的

[①] 初逢，此指天宝三载五月李杜二人初识于东都洛阳，包括当年及次年在梁宋、济南、东鲁等地的交游。李白时年四十四岁，杜甫时年三十三岁。

想象，譬如说，青天里太阳和月亮走碰了头，那么，尘世上不知要焚起多少香案，不知有多少人要望天遥拜，说是皇天的祥瑞。如今李白和杜甫——诗中的两曜，劈面走来了。我们看去，不比那天空的异瑞一样的神奇，一样的有重大意义吗？

虽然，李杜初逢时，两人最重要的作品尚未出现或未完全出现；"李杜文章在，光焰万丈长。"这一不刊之论，尚属有待分晓。但是凡读过闻先生此文的人无不印象深刻，终生难忘。

可惜这篇杰作未及完成，只写到天宝四载秋，李杜二人同访鲁郡城北范十隐居，文章便戛然中断了。而在闻氏《少陵先生年谱会笺》中，考定二人东鲁游踪后，却以此语作结："俄而公将西去，白亦有江东之游，城东石门一别，遂无复相见之日矣。"

关于李杜相逢，千余年来，前此诸家，后此诸家，皆作如是说，从无异议。

然而，史实果如是乎？窃有疑焉：十年以后，"安史之乱"中，李白"从璘"罹祸①，几陷死罪。在"世人皆欲杀"的情况下，杜甫何以敢于为李白大包大揽，大鸣不平？若仅凭十年前几度寻常交游，毫不疑十年后李白大节是否有亏，即连连写出怀李、梦李、寄梦之诗多首，下笔不休，情见乎辞，未免盲目行事。杜甫岂是只顾私交不问大节之人？为此，笔者究搜冥索，盖亦有年矣！

兹当李白诞辰一千三百周年之际，试陈愚说如次：天宝十二载（753），即"安史之乱"前两年，五十三岁的李白与四十二岁的杜甫，曾在西京长安重逢。较之初逢，其意义之重大，有过无不及。

"夫风生于地，起于青蘋之末。"李杜重逢一事，其滥觞也不过是小诗一首，即一向被人忽视受人误解的李白《戏赠杜甫》：

饭颗山头逢杜甫，头戴笠子日卓午。

借问别来太瘦生？总为从前作诗苦。

---

① 所谓"从璘"实为冤案。唐肃宗至德元载冬，李白应永王李璘征聘入其军幕，并从其"东巡"，遂陷入皇室内讧，因而获罪。其下所谓"世人皆欲杀"乃杜甫隐指朝廷舆论。

此诗，首见于唐孟棨《本事诗》，次见于五代王定保《唐摭言》，两本字句略有差异。诸本李白诗文集皆未收录，胡震亨本仅以之入附录，王琦本仅以之入诗文拾遗。千年以来多以之为李白嘲戏杜甫之作，甚至以为伪作。拙编《李白全集编年注释》稍加注意，并编在天宝四载李杜同游诸诗之后，亦是姑妄系之，不足为训。及至近年，再三检查旧编，重新审视此诗，才感到它未可小视。经过一年有余的案头工作与实地调查，并向有关专家请教，终于发现此诗意义重大，不仅可为早在十余年前提出的李白三入长安说①又增一枚铆钉，而且是天宝十二载李杜重逢于长安说由此切入的楔子。

"西子蒙不洁，人皆掩鼻而过之。"要使这首小诗获得应有的青睐，首先必须还它白璧无瑕，澄清前此所遭到的误解。嘲戏及伪作之说，宋时严羽早已为之申辨，谓嘲戏之说是"以庸俗之见而度贤哲之心"，郭沫若亦曾为之申辨，谓嘲戏之说是"活天冤枉"，并详加解释："诗

---

① 旧谓李白入长安仅有天宝元年一次，此说已是明日黄花。新说认为李白一生曾三入长安：开元十八年（730），自岳家安陆"西入秦海，一观国风"，是为"初入"；天宝元年（742），自东鲁奉诏入朝并待诏翰林，是为"再入"；天宝十二载（753），因幽州危机严重，为陈献济世之策，又入长安，是为"三入"。

的后二句一问一答，不是李白的独白，而是李杜两人的对话。"并再三举例说明："唐代以诗歌取士，士人因用心作诗而致身体瘦削，并不是什么丑事。"郭说甚是，故今人多从之。嘲戏之说既不能成立，诗题亦为后人妄加。全诗口语化特点颇似口占，后人代为加题，亦当按李集中《口号赠杨征君》等例，作《口号赠杜甫》。

然而"饭颗山"究在何处？其与唐西京长安何涉？何从而知此诗作于长安？要解决此诗作地问题，又必须先从校勘与版本着手。

当代李白的诗文集（全集与选集），皆据王琦本移录此诗如上，或收入正编，或收入附录。所作校勘皆据王本，所出校记自亦略同。如首句"饭颗山头"校记："《唐摭言》作饭颗坡前，一作长乐坡前。"大抵皆如是而已。拙编亦因依赖前人校勘，不知"一作长乐坡前"之"一作"究竟是何版本。缺乏善本依据之"一作"向来有如庶出，因而心存疑虑，不敢贸然以定作地；又因五十年代上海古典文学出版社所出排印本擅改古本（书前说明据雅雨堂本，而书中内文却作"饭颗山头"）使人误以"饭颗山头"为是为嫡，"长乐坡前"为误为庶。虽然长乐坡即在西安东郊，竟然失之交臂。因循之误人也亦甚矣！近年在校勘上稍事追究，便知"一作长乐坡前"非误非庶，既有版本根据，其传承亦可得而知。清乾隆丙子二十一年（1756）雅雨堂本《摭言》即径作"长乐坡前"，所据为南宋官刻本。书尾有南宋官刻本跋云："唐以进士为重。《摭言》所载最为详备。刊之宜春郡斋。嘉定辛未重午日柯山郑昉跋。"嘉定，为宋宁宗年号。辛未，为嘉定四年。宜春郡，即袁州宜春郡，在今江西南昌市西南。宋代各级政府皆刊刻书籍，尤以浙赣吴越诸郡为盛。郑跋之后，朱彝尊、王士正（禛）又从而跋之，称为善本。从朱、王二人跋中并可得知该书即朱氏所藏，且经其校雠者。故嘉庆间藏书家张海鹏云："唐摭言……后有嘉定辛未郑昉题识者，最为近古"，意即最为接近王定保原著也。

《本事诗》虽为唐人之作，实则已近五代；《唐摭言》虽为五代人作，实则去唐未远。作者王定保为唐昭宗时宰相王溥之从孙，且书中故实多采之晚唐耆宿。故二书所载，未可遽定甲乙，更不可妄加改窜。如李白此诗首句，一作"饭颗山头"，一作"长乐坡前"，不妨两存，也许两者各有是处。但作前者，无可考；兼采后者，则可以考知作地，并从而考知其余。故又移录《雅雨堂》本

《摭言》所载此诗如下：

> 长乐坡前逢杜甫，头戴笠子日卓午。
>
> 借问形容何瘦生？只为从来学诗苦。

从此本末句观之，更是杜甫自谦口气。

前人虽皆以"饭颗山"本为底本，然皆注"长乐坡"，皆照抄《元和郡县志》关内道京兆府万年县："长乐坡，在县东北十二里，即浐川之西岸。旧名浐坂，隋文帝恶其名，改曰长乐坡。"若止于此，仍难明此诗究竟。必须对长乐坡及其有关事项详加考索，方知端的。

唐制：凡县治设在京城内者称赤县。西京以万年、长安为赤县。万年县，即京城东部坊里及其近郊乡村；长安县，即京城西部坊里及其近郊乡村。浐水与灞水，皆南出终南山蓝田谷，北流经长安城东，至长乐坡北头以北合流入渭水，再东流入黄河。浐水距长安城尤近，仅十里左右。长乐坡，《元和郡县志》谓在万年县东北十二里，盖自城内县廨所在之宣阳坊起算。《唐两京城坊考》卷一谓在通化门东七里，盖自京城通化门起算。同书同卷又谓在光泰门东七里，盖自苑城光泰门起算。苑城为皇家园林，在京城北，周一百二十里，西包汉长安城。通化门为京城东向三门中最北一道，光泰门为苑城东向二门中偏南一道。长乐坡既在通化门外，又在光泰门外。其南头在通化门外，其北头在光泰门外，南北约长十里许。

长乐坡有长乐驿，宋敏求《长安志》谓在"县东十五里长乐坡下。"其所以言"十五里"，亦是自县廨起算，并包括上下坡路程。长乐驿为东出长安城第一站，朝野人士多在此迎送宾客。李商隐有《雨中长乐水馆送赵十五滂不及》一诗，可知长乐驿在坡之东，濒临浐水，故又名"长乐水馆"；并知上下长乐坡二三里地，此亦即长乐坡东西宽度。李商隐上述诗云："碧云东去雨云西，苑路高高驿路低。"诗中所谓"苑路"，即坡之北头通向光泰门并由此而入东苑之路；诗中所谓"驿路"，即坡之南头通向长乐驿并由此过浐桥东北去灞陵驿之路。由此可知，长乐坡北头，当光泰门外处，地势最高。故程大昌《雍录》云："自其北可望见长乐宫，故名长乐坡也。"但此乃就隋时而言，唐太宗建大明宫于长安城东北龙首原上后，自长乐坡北头西望，则是含元殿首当其冲，更西之汉城宫殿不复见矣。

长乐坡今犹在，在西安城东北朝阳门外七公里。今西安城仅为唐长安城八分之一，故自城垣去长乐坡远于唐时。有长乐路（分西、中、东三段）通之，直抵浐河桥头。长乐东路自西而东横贯长乐坡，不但路面稍呈弓形，而且两侧尚有残坡，高出地面十余米。其北头与唐大明宫含元殿遗址（亦高出地面十余米）遥遥相对。

长乐坡位置及地势既明，再说苑东长乐坡下之广运潭。

《唐两京城坊考》卷一西京三苑"苑中宫亭二十四所"之一有望春楼，其下注云："天宝二年，韦坚引浐水抵苑东望春楼下为潭，名广运潭。"同书同页广运潭下，又引《宋崔敦礼广运潭铭序》云："唐天宝纪元之元年，陕郡太守韦坚有请治汉隋运渠，起关门，抵长安，以运山东之赋，有诏从之。乃绝灞浐并渭而东，至永丰仓，复与渭合，又凿潭于望春楼下以聚舟。越二年而成，天子临幸嘉焉，锡名广运。"此事两《唐书》均有详细记载。《旧唐书·韦坚传》谓潭在"长乐坡下"。《新唐书·食货志》谓坚"于长乐坡濒苑墙凿潭于望春楼下，以聚漕舟"。其言望春楼下者，实则意谓自苑中望春楼上可以遥见也。并谓玄宗欢悦，诏曰："古之善政者，贵于足食。关辅之间，尤资殷赡。故置此潭，以通漕运。"于是以坚为天下转运使。

所谓漕运，即由水路运输江淮租米入关中。关中虽号沃野，然其地狭，所出不足以给京师，备水旱，故自秦汉以来即常转运东南之粟。汉隋漕路遗迹可寻，唐初未及治理，岁输粮不过二十万石。每遇水旱，即斗米千钱，不但百姓有冻馁之虞，帝王亦须率领百官就食于洛阳。自开元后期重视漕运以后，岁输粮常达二百五十万石，最多时达四百万石。韦坚之功主要在于修复自潼关至京城一段古代漕渠，使潼关内外永丰等仓之米直抵京城。所开之潭为漕运船只停泊之所，亦即漕运之终点。漕运而来数以巨万石计之租米必当就近入仓。米仓所在，既须近水便于卸载，又须地势高亢以免水患（沿河大仓莫不如此），其地实舍长乐坡莫属。

光泰门外适有米仓村。见于《唐两京城坊考》之《西京三苑图》。内文光泰门下虽亦有相应注释，但过于简略。兹据《通鉴·唐纪》稍详如次："安史之乱"结束后二十年间，藩镇林立，兵连祸结，朝廷唯事姑息，终于酿成"朱泚之乱"。德宗建中四年（783）冬十月，泾原节度使姚令言奉命率部救襄阳，过京城时竟因犒赏过薄而哗变。乱兵拥令言入城，欲行劫掠。继因德宗奔亡，乱兵竟进而拥立以太尉衔留居京师之旧帅朱泚为帝。朱泚遂僭号大秦，改元应天，以令言为元帅，屯兵宫苑。兴元元年（784），神策军将领李晟奉诏收京。五月"乙未，李晟移军于光泰门外米仓村"，一再破贼于浐水之西，并一度乘胜入光泰门。"戊戌，晟复陈兵于光泰门外"，数使部将攻苑城，终由苑北神麀村破城而入。贼众溃而西遁，晟遂收复京师。李晟之所以能迅速收复京师，除其他原因外，当是得地利之助。《通典》论兵引《孙子》曰："凡处军，喜高而恶下，贵阳而贱阴，是为必胜。……丘陵堤防，必处其高阳，此兵之利而地之助也。"当时朱泚屯兵宫苑，其最高处为大明宫含元殿，苑城近郊与含元殿旗鼓相当之"高阳"处，非长乐坡莫属。似此，米仓村若非在长乐坡上，则李晟一再陈兵于此村何为？

米仓而成村当是太仓。唐代太仓所在地迄无定说，盖有多处。除在城内、苑内者外，东渭桥仓亦是太仓，见《旧唐书·食货志》："陕虢观察使李泌……输东渭桥太仓米至凡百三十万石"；广运潭仓亦是太仓，见《旧唐书·敬宗纪》：宝历二年秋七月癸已"敕鄠县渼陂归尚食管系，太仓广运潭复赐司农寺"。敕文中二句比并而观："鄠县渼陂"者，鄠县城西之渼陂也；"太仓广运潭"

者，太仓下之广运潭也，或广运潭上之太仓也。此太仓非即长乐坡上之米仓村而何？

广运潭今已涸，但尚有遗迹可寻。自长乐东路北侧一小径，傍残坡北行二点五公里，至东十里铺村，隔西临公路、陇海铁路，与米家崖村相望。两村之间，紧靠浐河西岸，有一方圆数百亩之低洼地带，虽已成为庄稼地，但犹低于公路数米，低于铁路更甚，列车从米家崖南沿驶过时如在空际。此低洼地带即经过千年泥沙沉积之潭底也。幸有历史地理学专家李健超教授事前赐教，以唐代灞桥遗址在今河床下七八米处为例，谈沧桑之变，否则笔者虽置身潭底亦不自知。

史载：此潭初成之时，韦坚又命以小船多艘，陈载各郡特产以献；并命其属吏崔成甫（李白挚友）鲜服靓妆立于船头，领唱《得宝歌》，使美女百人和之。自浐入潭，连樯而进，直抵望春楼下。不仅帝为之升楼，且召群臣临观。李白时在翰林，自亦在临观之群臣中，广运潭、长乐坡、米仓村等，皆尽收眼底，自不待言。

顾自近岁以来，日居月诸，镂而不舍；玄灞素浐，竭泽而渔。当长乐坡及其有关事项呈现出固有之联系时，"所谓伊人"，于是乎"宛在水中央"矣！

综上所述，一言以蔽之，所谓"饭颗山"者，实即其上有太仓之长乐坡也。太仓之米炊而为饭，长乐坡岂非饭颗山乎？故知"饭颗山头逢杜甫"亦即"长乐坡前逢杜甫"，二而一也。此一诗之两传者，集中多有之。且太白屡有为山水命名之事，如改青阳九子山曰九华山，称南陵无名之山曰五松山，号沔城南湖曰郎官湖，集中亦多有之。《佩文韵府》中饭颗山条即自李白此诗始。似此，则"饭颗山"者，李白为长乐坡所取之诨名也。其所以如此，说详后。

李杜二人重逢之地既定，再说此诗之作时。从何而知李杜二人重逢于天宝十二载春？此事至少须从闻一多先生《杜甫》一文中断处说起。

天宝四载秋，李杜二人在东鲁分手以后，李白因前此"攀龙堕天"的重创，曾大病一场。五载秋病愈，欲借远游以消忧而南下吴越，行前有《梦游天姥吟留别》一诗，抒发被斥去朝之愤懑。诗末有句云："安能摧眉折腰事权贵，使我不得开心颜。"为一篇之警策。李白从此流落江湖，滞留金陵数年。在此期间，早已出现的盛世阴暗面越发暴露出来。玄宗日益荒淫无道，奸相李林甫专事逢君之恶，内则屡兴大狱，诛逐忠良，外则穷兵黩武，滥事征伐。由于对国运的忧虑以及个人沦落的悲愤，李白写出了一系列抨击时政的诗篇，都是飞向昏君与权奸的鸣镝。其中尤以《答王十二寒夜独酌有怀》《战城南》等最为激烈："君不能，狸膏金距学斗鸡，坐令鼻息吹虹霓。君不能，学哥舒，横行青海夜带刀，西屠石堡取紫袍。吟诗作赋北窗里，万言不值一杯水。"有如反戏正唱，其味辛辣；一则曰："士卒涂草莽，将军空尔为！乃知兵者是凶器，圣人不得已而用之！"有如耳提面命，直言指斥。天宝八载青海石堡之役，为攻取吐蕃占据的弹丸之地，玄宗不惜牺牲巨万士卒之生命，可谓丧心病狂。当时举国为之震惊，宜乎李白大声疾呼，奋不顾身也。

天宝十载，以迎合玄宗黩武政策而得以破格提拔的安禄山，此时已身兼平卢、范阳、河东三镇节度使，据有今东北与华北大片地盘，握有兵力几为全国之半，遂决心为乱。十载秋，李白在河南叶县山中元丹丘幽栖之地盘桓，忽有范阳节度使幕府判官何昌浩来访，邀其入幕。白虚与委蛇，并随即有幽州之行。意欲借此机会前赴塞垣，一窥真相，从而上奏朝廷，以期防祸乱于未发。其北游诸诗中所谓"探虎穴""射天狼""沙漠收奇勋"等语，皆是此意。十载冬自开封首途，逡巡而进，一则沿途须做调查，二则须待禄山入朝，故十一载冬始抵蓟门。其后所作《赠韦良宰》诗云："十月到幽州，戈鋋如罗星。君王弃北海，扫地借长鲸。呼吸走百川，燕然可摧倾。"所忆即此时事。北行诸诗中《北风行》写幽州危机之严重，更是忧心如焚，抢地呼天。十一载冬梢南返，十二载早春遂有第三次长安之行。此行专为陈献济时之策而来，但因玄宗"病"入膏肓，对安禄山深信不疑，献策有杀身之祸，求助于哥舒翰亦无结果，李白只有痛哭穷途，旋即离去。

以上详见拙编《李白全集编年注释》（再版本）。

天宝四载秋，李杜二人在东鲁分手以后，杜甫旋即返河南故里。五载，为求取功名，遂入长安。六载，朝廷诏天下通一艺者诣京师，李林甫素忌文学之士，皆令落榜，并表贺入主，谓"野无遗贤"。杜甫、元结等人皆遇此厄。此后三年，屡求人汲引，皆无结果。天宝十载，杜甫四十岁，进《三大礼赋》，史称玄宗奇之，命待制集贤院，实则终成画饼。故陆游《题杜少陵像图》诗云："长安落叶纷可扫，九陌北风吹马倒。杜公四十不成名，袖里空余三赋草。"可谓善于写照。此期，杜甫本人诗作中自述贫困之情尤为真切。其《进三大礼赋表》云："顷者卖药都市，寄食友朋"；其《奉赠韦左丞》诗云："朝叩富儿门，暮随肥马尘。残杯与冷炙，到处潜悲辛"；其《奉赠鲜于京兆》诗云："有儒愁饿死，早晚报平津"；其《投简咸华两县诸子》诗云："饥卧动即向一旬，敝衣何啻联百结。君不见空墙日色晚，此老无声泪垂血！"……比来其生计艰难可知。何况又兼病疟，病后过友人王倚，王饷以酒食，感激作歌曰："王生怪我颜色恶，答云伏枕艰难遍。病疟三秋孰可忍？寒热百日相交战。头白眼暗坐有胝，肉黄皮皱命如线。……"杜甫一生贫病交加若是，除大历五年（770）垂死之际外，唯有此期。

此期杜甫诗中，较之嗟贫诉苦尤堪注意者，则是对时政之忧虑。其天宝十一载《同诸公登慈恩寺塔》诗云："高标跨苍穹，烈风无时休。自非旷士怀，登兹翻百忧。……秦山忽破碎，泾渭不可求。俯视但一气，焉能辨皇州。……"诚如郭沫若所云："和在同一年同一季节，李白北游幽州，深感安禄山跋扈，登黄金台而痛哭，有同声相应之实。"其实，早在天宝中期，李白在江东怒飞鸣镝之际，杜甫即有抨击时政之作，其中尤以《兵车行》一诗最为突出。开头："车辚辚，马萧萧，行人弓箭各在腰。爷娘妻子走相送，尘埃不见咸阳桥。牵衣顿足拦道哭，哭声直上干云霄"；中间："边庭流血成海水，我皇开边意未已。君不闻，汉家山东三百州，千村万落生荆杞……"；末尾："君不见，青海头，古来白骨无人收。新鬼烦冤旧鬼哭，天阴雨湿声啾啾"。其义愤不亚于李白。当时，万马齐喑，朝野缄口，唯有李杜二人在他们的诗篇中引吭长啸，发出时代的最强音。

以上详见仇兆鳌《杜诗详注》及闻一多《少陵先生年谱会笺》。

总而言之，所谓大唐盛世，开元后期已逐渐沦为虚文；天宝以来表面歌舞升平，实则已是危机四伏；天宝季叶，更是急转直下，"安史之乱"已在不远。李杜二人虽然天各一方，却不约而同在各自的作品中反映出时局的转折。总是一个怒飞鸣镝，一个就同声相应。虽然李白稍前，杜甫稍后，但同样的政治预感，同样的忧国情怀，在他们不少诗篇中达到惊人的一致。正是在这样的背景下，在"安史之乱"爆发的前两年，在天宝十二载的春天，李杜二人重逢于长安。只有这时，李杜二人同在长安；也只有这时，杜甫贫病交加，瘦骨伶仃，使李白为之发出"太瘦生"或"何瘦生"的惊叹，而有《口号赠杜甫》一诗。此诗置之他处皆难以通融，唯系于此际则无不熨帖。

李白此诗，其所以一作"长乐坡前"而一作"饭颗山头"者，或出于以下情况：乍见之下，脱口而出，故初作"长乐坡前"；稍后得知杜甫近年窘况，竟濒于饿死，遂改为"饭颗山头"。将"太瘦生"之杜甫置于饭颗如山背景之前，顿使此诗成为一幅讽刺漫画，而时政可知。李白之为长乐坡起一诨名，其意盖在斯乎？

李杜二人既于天宝十二载春重逢于长安，不论是先朝有约，或是不期而遇，当前朝政（特别是幽州危机）势必成为促膝附耳之话题，剖心输肝自不待言。二人又有感时伤事之作，更是如桴鼓之相应。杜甫有《丽人行》，李白亦有《古风》其八（咸阳二三月）。《丽人行》揭露与讽刺诸杨游宴曲江之事，已是尽人皆知，《咸阳二三月》之诗旨以及作时作地亦同。所不同者，杜诗当为亲眼所见，故浓墨重皴，淋漓尽致。诗末画龙点睛，矛头直指奸相杨国忠："炙手可热势绝伦，慎莫近前丞相嗔！"李诗或是闻之杜甫，故逸笔草草，有同速写。但诗中"绿帻谁家子，卖珠轻薄儿。日暮醉酒归，白马骄且驰"等数句，虽言少而意多，亦是力透纸背。唐汝询云："此刺戚里骄横，……所谓绿帻，必有所指。"今人马里千《李白诗选》注云："绿帻，似指杨国忠。国忠行事与董偃相类，而恶过之。"所言甚是。董偃，汉武帝姑馆陶公主男宠；国忠与杨妃姊虢国夫人有私，亦见于史传。且国忠不仅有聚麀之行，因其窃据国柄，又有误国之罪。诗末以扬雄投阁①自喻，当是有感于向朝廷陈策一事凶多吉少。即使冒死上奏，不惜以身殉，亦徒为此辈嗤笑耳。

李白因深感回天无力，帝京已如虎口，不可久留，旋即离去。有诗多首，皆是孤臣危涕，孽子坠心之作；一派大乱将起，祸在眉睫之感。李白此行及其离去时之情怀，在杜甫诗中多有迹可寻。

如《后出塞五首》，借发兵蓟门写幽州危机，储光羲、李白皆有观发兵之作。储诗作于天宝十载华阴郡；李诗作于天宝十一载北上途中邯郸郡。储诗写其表："三陌观勇夫"；李诗窥其里："天狼正可射"。天狼，星名，象野将，喻贪残。此指安禄山。禄山屡以救边为名，赢得玄宗宠信，发兵以资其用，因以坐大。李白识其祸心，故云。杜诗则由储诗之门槛达李诗之堂奥。借一应募壮士前后思想变化，以刺朝廷发兵之非。诗中从"及壮当封侯"到"壮

---

① 扬雄投阁。王莽兴大狱，雄时校书天禄阁，恐株连及己，遂自阁上投下，几死。

士惨不骄"；再到"主将位益崇，气骄凌上都。边人不敢议，议者死路衢"；终于有"坐见幽州骑，长驱河洛昏"之预感；恐负国家，遂遁去。其人其事，皆非亲历龙潭虎穴者不能知其详。显系出诸李白之口而入于杜甫之耳者。

又如《奉同郭给事汤东灵湫作》，借玄宗幸温泉祀灵湫见金背虾蟆一事，亦写幽州危机："坡陀金虾蟆，出现盖有由。至尊顾之笑，王母不肯收。复归虚无底，化作长黄虬。"仇注引卢元昌曰："虾蟆出，指禄山也。至尊笑，宠虾蟆也。王母不收（捕）。纵虾蟆也。……玄宗以虾蟆忽之，竟为黄虬难制。灵湫一篇，其曲突之讽欤？"此解甚是。李白《北风行》曰："烛龙栖寒门。"《淮南子·地形》："烛龙，在雁门北，其神人面龙身而无足。"杜甫此诗曰："化为长黄虬。"《玉篇》："虬，无角龙，俗作虬。"皆以似龙非龙之怪物僭拟真龙，暗写安禄山之反势已成。诗中比兴相似乃尔，如出一人之手，非偶然也。

又如《渼陂行》一诗尤堪瞩目。诗写友人岑参邀游长安城西南郊之渼陂。平湖泛舟，本是赏心乐事，偶因骤雨，亦无妨碍。但刚一放舟入陂，即作忧伤之语若是："天地黤惨忽异色，波涛万顷堆琉璃。琉璃汗漫泛舟入，事殊兴极忧思集。鼍作鲸吞不复知，恶风白浪何嗟及！"

何嗟及，语出《诗·王风·中谷有蓷》："嘅其泣矣，何嗟及矣！"朱熹注："言事已至此，莫如之何，穷之甚也。"渼陂不过方圆数里之湖泊，偶有风雨，亦不至波涛万顷，更何来鼍作鲸吞，而竟有"何嗟及矣"之叹。何况旋即转晴，锦帆开张，棹讴齐发，主人舟子皆大开心颜。而诗末忽又作忧伤之语若是："咫尺但愁雷雨至，苍茫不晓神灵意。少壮几时奈老何？向来哀乐何其多！"末句中"哀乐"一语为偏义复词，此处侧重"哀"义，犹言近来令人忧伤之事何其多也！前人早已感知此诗怪异，但不知何以故，便胡乱猜测：或谓杜甫素不习水，故始终恐惧；或谓岑参好奇，故以奇怪出之；或谓此诗善于摹古，源于楚骚、汉谣云云。皆未得其解。郭沫若得其秘意，看出是以天象变化影射时局变化，和《登慈恩寺塔》有同样预感。但两相比较，可以看出：前此忧时之作尚较缓和，此诗则似不可终日。若谓杜甫忧时乃与时并进，自然转急。然杜甫蛰居乡间，何来消息？何人能告与此等天将塌地将陷之消息？当时虽有高适、岑参、储光羲等友人往来京师，互有酬赠，但彼等此期诗作中何尝有丝毫不祥之感？"五陵北原上，万古青濛濛。"心中是何等笃定！犹然是铁打江山。似此彼等与杜甫有何话说？由是可知，天宝十二载春，李杜重逢于长安一事，是杜甫"忧端齐终南，澒洞不可掇"之契机。若非有故人自龙潭虎穴来，杜甫亲聆其独家掌握之大机密，亲见其无力回天之大悲恸，亲感其所感而亦有大变即起之感，又何能忧端如山，愁绪似海？

及至天宝十四载十一月初，"安史之乱"前夕，所作《自京赴奉先县咏怀五百字》，更是如前人所云："肝肠如火，涕泪横流。"奉先本是京兆属县，此行不过暂离长安前往探亲，然与"尧舜君"（喻指玄宗）竟已情同"永诀"。若非深感祸在旦夕，何至如此？无独有偶，李白在献策失败离开长安时，其《远别离》一诗亦是情同永诀："远别离。古有皇英之二女，乃在洞庭之南，潇湘之浦。海水直下万里深，谁人不言此离苦！……"皇英者，娥皇与女英也。尧之二女，舜之二妃。相传舜征有苗，死于苍梧之野，二妃从之不及，沉于湘水，化为"湘灵"。拙编以为此诗中所咏"湘灵"一事，乃是李白以二妃与舜生离死别写其远游之际系念君国之情，虽可谓得其秘旨，然李白一人而以二女自喻，终觉无以自解。于今既知李杜重逢事，则此"二女"当是李白以之自喻又兼喻杜甫也。

总而言之，李杜重逢事既如前述，既有李白《口号赠

242

杜甫》为证，又若草蛇灰线，见于千里万里之外，十年八年之后。

然后吾人方知："安史之乱"中，李白"从璘"一案，在"世人皆欲杀"之际，何以杜甫敢于为之大鸣不平，而且再三再四形诸文字，甚至意欲质问朝廷？盖知之深也。其所以知之深者，岂仅是天宝三、四载一段友谊哉？必是此次重逢期间，彼此对时局的忧患意识达到高度一致，使二人成为生死之交。杜甫深信李白的忠贞大节不可移易，虽在缧绁之中非其罪也。故能不计祸福，不畏牵连，而有一系列"天壤间维持公道，保护元气之文字"。如《天末怀李白》《梦李白二首》《寄李十二白二十韵》《不见》等诗，出于至诚，感人至深，信非偶然，良有以也。

探索未已，感慨转深。恨不能起闻一多先生于地下，请他以诗人之笔为李杜重逢再一次大书而特书。前一次初逢用的是金墨，这一次重逢应该用朱砂，赤红如血的朱砂，像他们在长乐坡前生离死别的眼泪。

2000年冬—2001年春

于古都长安太平坊之西曲

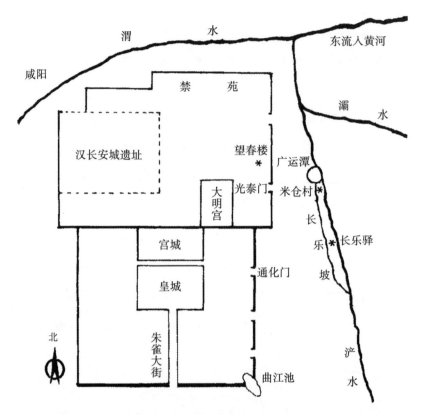

咸阳

渭　　水

东流入黄河

禁　　苑

灞　水

汉长安城遗址

望春楼
＊

广运潭

光泰门

米仓村
＊

大明宫

宫城

长乐坡

长乐驿
＊

皇城

通化门

北

朱雀大街

浐　水

曲江池

唐西京长安城东郊长乐坡位置示意图

244

在喧嚣的世界里，

坚持以匠人心态认认真真打磨每一本书，

坚持为读者提供

有用、有趣、有品位、有价值的阅读。

愿我们在阅读中相知相遇，在阅读中成长蜕变！

好读，只为优质阅读。

李白诗传

策划出品：好读文化　　　　　监　　制：姚常伟

责任编辑：李国亮　王梓画　　　产品经理：罗　元　牛　雪

装帧设计：陈绮清　　　　　　　内文排版：鸣阅空间

营销编辑：陈可心

图书在版编目（CIP）数据

李白诗传 / 安旗著 . —成都：四川文艺出版社，
2024.6

ISBN 978-7-5411-6861-1

Ⅰ.①李… Ⅱ.①安… Ⅲ.①李白（701-762）—传
记 Ⅳ.① K825.6

中国国家版本馆 CIP 数据核字（2024）第 026132 号

LI BAI SHI ZHUAN

李白诗传

安旗　著

出 品 人　冯　静
策划出品　好读文化
责任编辑　李国亮　王梓画
产品经理　罗　元　牛　雪
责任校对　段　敏

出版发行　四川文艺出版社（成都市锦江区三色路 238 号）
网　　址　www.scwys.com
电　　话　010-82068999（市场部）028-86361781（编辑部）

印　　刷　河北鹏润印刷有限公司
成品尺寸　145mm×210mm　　　　开　本　32 开
印　　张　8　　　　　　　　　　字　数　128 千
版　　次　2024 年 6 月第一版　　印　次　2024 年 6 月第一次印刷
书　　号　ISBN 978-7-5411-6861-1
定　　价　59.80 元